MECKLENBURGISCHE SEENPLATTE

LAND DER TAUSEND SEEN

Ottmar Heinze | Andreas Srenk

MECKLENBURGISCHE SEENPLATTE

LAND DER TAUSEND SEEN

Fotos: Ottmar Heinze, soweit nicht anders angegeben
Karten: Kartographiestudio | Jochen Fischer

Coverabbildungen: Blick auf die Binnenmüritz bei Röbel (groß),
Plau am See (o. li.), Wolken spiegeln sich im Inselsee bei Güstrow
Rückseite: Festspiele Mecklenburg Vorpommern, Ludwigslust

Der Fotograf Ottmar Heinze bedankt sich beim Tourismusverband Mecklenburg-Vorpommern (www.auf-nach-mv.de) und beim Tourismusverband Mecklenburgische Seenplatte e. V. (www.mecklenburgische-seenplatte.de) für die sehr gute Unterstützung.

Ein Gesamtverzeichnis der lieferbaren Titel schicken wir Ihnen gerne zu.
Bitte senden Sie eine E-Mail mit Ihrer Adresse an:
vertrieb@koehler-books.de
Sie finden uns auch im Internet unter: www.koehler-books.de

Bibliografische Information der Deutschen Nationalbibliothek
Die Deutsche Nationalbibliothek verzeichnet diese Publikation in der Deutschen Nationalbibliografie; detaillierte bibliografische Daten sind im Internet über http://dnb.d-nb.de abrufbar.

ISBN 978-3-7822-1302-8

Layout: Inge Mellenthin
Cover: Fred Münzmaier

Printed in Europe

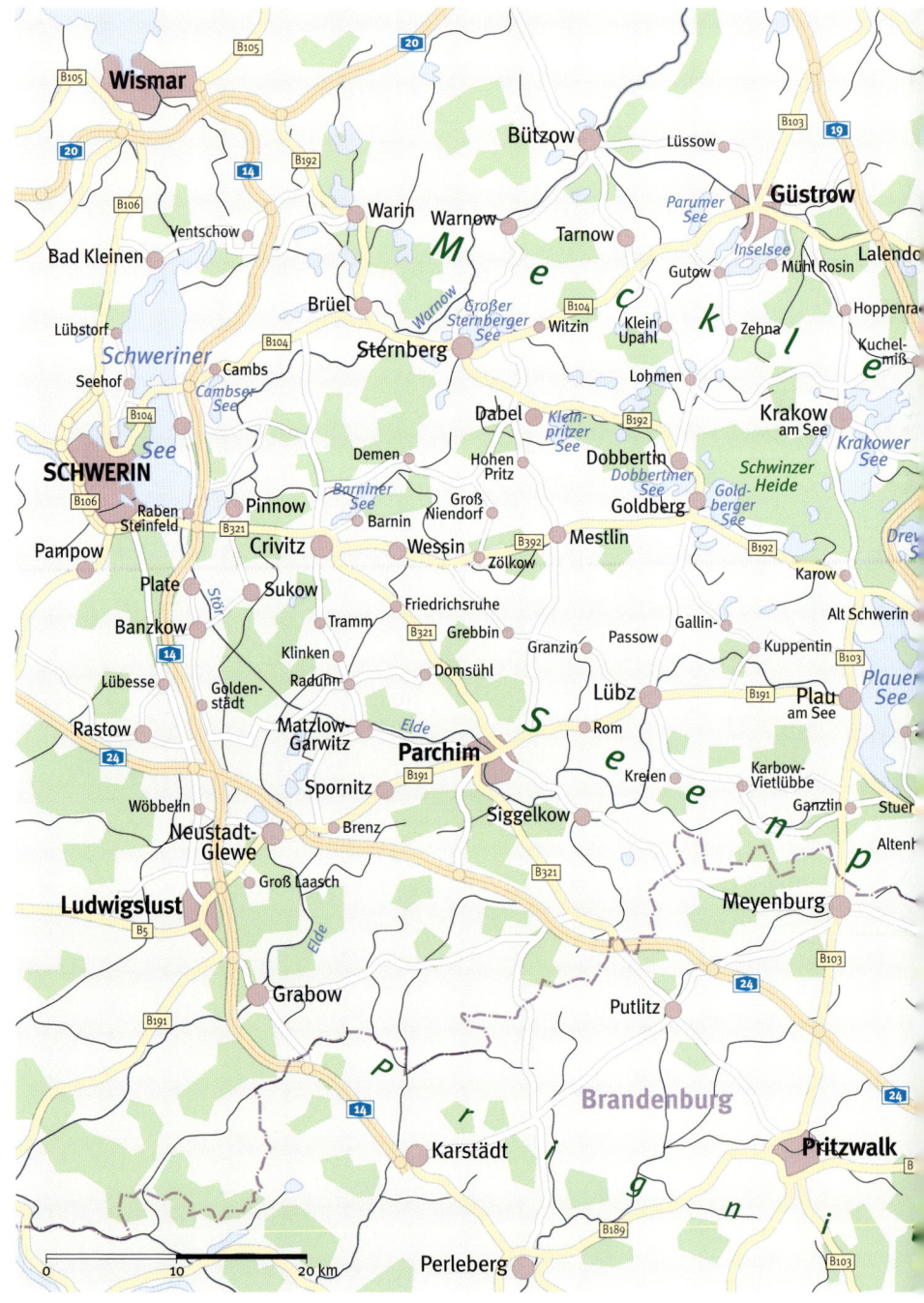

EINLEITUNG

Die Mecklenburgische Seenplatte gilt neben der Ostseeküste als zweite bedeutende Urlaubsregion in Mecklenburg-Vorpommern. Unzählige große und kleine, flache und sehr tiefe Seen prägen die Landschaft. Dazu zählt die Müritz, Deutschlands größtes Binnengewässer (der deutsche Teil des Bodensees ist kleiner).
Wie viele Seen es sind, die sich wie auf einer Perlenschnur aneinanderreihen und oft durch natürliche oder künstliche Kanäle verbunden sind, weiß niemand so genau. Bei 2.000 haben die Statistiker aufgehört zu zählen. So mancher Bewohner packt gerne noch ein paar Tausend drauf, wenn man all die Tümpel und Teiche dazurechnet. Ein Paradies für Wassersportler und Naturfreunde sind sie allemal und bieten unzählige Freizeitmöglichkeiten: Ob Wanderer, Paddler, Segler oder Hausboot-Kapitän, ob Hobby-Ornithologe, Petrijünger, Badegast oder Kulturfreund – hier findet fast jeder das passende Angebot für seine schönsten Wochen des Jahres.

Die Seenplatte bietet nicht nur Natur pur, sondern auch eine aufregende Entdeckungsreise zu Museen, Schlössern, Guts- und Herrenhäusern (die nicht selten zu komfortablen Landhotels umgewandelt wurden), zu Kirchen und Klöstern, die einen mitnehmen in vergangene Jahrhunderte, und zu spannenden Ereignissen der Landesgeschichte.

Die Ferienregion nimmt etwa ein Viertel der Gesamtfläche des Bundeslandes ein und erstreckt sich im Norden bis Güstrow, im Südosten bis zur Feldberger Seenlandschaft, im Süden bis an die brandenburgische Landesgrenze und im Westen bis nach Schwerin. Die Mecklenburgische Schweiz schließt sich nördlich der Seenplatte an.

Das Bundesland besteht aus den Landesteilen Mecklenburg, Vorpommern, kleinen Teilen der Prignitz und dem nördlichsten Zipfel der Uckermark und rangiert flächenmäßig mit etwas über 23.000 Quadratkilometern an sechster Stelle in Deutschland, hat aber – kaum zu glauben – nur gut 1,6 Millionen Einwohner und damit weniger als die Hansestadt Hamburg (1,8 Millionen).

Man könnte auch sagen: Mecklenburg-Vorpommern ist ziemlich leer. Wie immer gibt es zwei Seiten der Medaille. Auf der einen beklagen Politiker, Bürgermeister und Wirtschaftsvertreter den Weggang vieler Menschen seit der Wiedervereinigung 1990.

Andererseits gefällt den immer zahlreicher werdenden Touristen, die für ein paar Urlaubstage oder auch für mehrere Wochen kommen, genau das: ein Flächenland, in dem die Natur durchatmet und wieder zu sich findet.

Vor allem die Müritz, das »Kleine Meer«, und der anschließende Müritz-Nationalpark mit seinen ausgedehnten Wäldern gelten als das touristische Herz der Region. Waren als zentrale Stadt punktet mit Sehenswürdigkeiten wie dem Müritzeum, dem beeindruckenden Naturerlebniszentrum, das jedes Jahr Hunderttausende Besucher anzieht.

Auch für einen Ausflug nach Schwerin, in Deutschlands kleinste Landeshauptstadt mit dem Postkartenschloss auf der Insel und dem mächtigen Dom, sollten sich Besucher die Zeit nehmen.

Die »Vier-Tore-Stadt« Neubrandenburg mit ihrer fast vollständig erhaltenen Stadtmauer, die am Tollensesee liegt, um den ein 34 Kilometer langer Radwanderweg führt, ist ein weiteres empfehlenswertes Ziel.

Als kultureller Anziehungspunkt mit ihrer sternförmigen Stadtanlage und dem Schlossgarten besticht die barocke Residenzstadt Neustrelitz am Zierker See.

Doch was immer wir auch empfehlen: Sie, liebe Leserin und lieber Leser, werden sicherlich auf Ihrer Reise ihre ganz persönlichen Lieblingsorte entdecken. Viel Spaß dabei.

WESTLICH DER MECKLENBURGISCHEN SEENPLATTE

SCHWERIN

Hektisch geht es selten zu in der mecklenburgisch-vorpommerschen Landeshauptstadt, die mit gerade mal gut 90.000 Einwohnern nicht einmal den offiziellen Status einer Großstadt hat. Dennoch bringen die Ministerien, der Landtag, der sich im Schloss befindet, wichtige Behörden und Institutionen und vor allem die wachsende Zahl auch ausländischer Besucher eine gewisse »Weltläufigkeit« nach Schwerin, über die »normale« Städte dieser Größenordnung nicht verfügen.

Schwerin ist so überschaubar, dass man die wichtigsten Sehenswürdigkeiten bequem an einem Tag besuchen kann. Als guter Ausgangspunkt eignet sich die Schlossinsel. Über die Zugangsbrücke erreicht man in wenigen Minuten das **Schloss**, das als eines der bedeutendsten Bauwerke des Romantischen Historismus in Europa gilt. Hier residierten über Jahrhunderte die mecklenburgischen Herzöge und Großherzöge. Als Keimzelle gilt eine slawische Burg, die um das Jahr 965 errichtet wurde. Das heutige Schloss entstand von 1845 bis 1857 nach Plänen der Schweriner Baumeister Georg Adolph Demmler und Hermann Willebrand sowie unter Mitwirkung von

Gottfried Semper aus Dresden, Friedrich August Stüler aus Berlin und dem Kölner Dombaumeister Ernst Friedrich Zwirner.

Wie in vielen Regionen Deutschlands dankte auch hier der Herrscher 1918 im Zuge der Novemberrevolution ab: Der Großherzog von Mecklenburg-Schwerin verlor seine Macht, und so konnten die Bewohner ab 1921 viele der historischen Räume fortan besichtigen.

In den folgenden Jahrzehnten wurde das Schloss immer wieder zweckentfremdet: Im Zweiten Weltkrieg beherbergte es ein Lazarett, später diente es als Ausbildungsstätte von Kindergärtnerinnen in der DDR.

Seit der »Wende« 1990 zog die Politik wieder ein: Im wohl prächtigsten Landtag der Republik wird heute über das Wohl des Bundeslandes entschieden, das weniger Einwohner als die Hansestadt Hamburg hat. Daneben sind Teile des Staatlichen Museums Schwerin dort untergebracht.

Ein Rundgang entführt den Besucher in die prachtvolle Zeit des mecklenburgischen Hochadels: Im zweiten Stock gelangt man in die Beletage der Gesellschaftsräume und Wohngemächer der Herzogin. Zu den umfassend renovierten Räumlichkeiten zählen das Wohnzimmer mit seinen blauen Wandtapeten, das Esszimmer mit seiner wertvollen Wandvertäfelung und das Teezimmer neben weiteren reich verzierten und repräsentativen Räumen. Besonders schön anzusehen ist das runde Blumenzimmer mit seinen Deckenmalereien und Skulpturen im Hauptturm. Von dort genießt man einen schönen Blick auf den Schweriner See. Auf der ersten Etage sind des Weiteren die Porzellan- und die Waffensammlung des Museums untergebracht.

Im dritten Stock schreitet man durch die Wohnräume des Herzogs sowie die Prunk- und Repräsentationssäle. Die Räumlichkeiten waren so angelegt, dass Besucher maximal beeindruckt waren, wenn sie von Lakaien durch die Ahnengalerie hin zum prächtigen Thronsaal geleitet wurden, wo sie der Herzog auf seinem reich verzierten Thronsessel unter einem Baldachin zur Audienz empfing. Marmorsäulen, Intarsienparkett und ein mächtiger Kronleuchter an der Decke taten ein Übriges, um den Herrscher groß und den Bittsteller klein erscheinen zu lassen.

Schlossführungen: Hauptsaison April–August, Di.–So. 11, 13.30 Uhr, am Wochenende zusätzlich um 15 Uhr. Nebensaison Di.–So. 11 Uhr und 13.30 Uhr Das Museum im Schloss ist Di.–So. von 10–18 Uhr geöffnet, Tel. 0385/52 52 920, www.museum-schwerin.de

Wer genug Zeit mitbringt, sollte einen Gang um das Schloss einplanen: Der **Burggarten** wurde nach Plänen des preußischen Gartenbaumeisters Peter-Joseph Lenné angelegt. Im Mittelpunkt steht die Orangerie, die heute in Teilen gastronomisch genutzt wird.

Südwestlich der Schlossinsel erstreckt sich auf dem Festland der **Schlossgarten**, der nach französischem Vorbild angelegt wurde und 1748 seine heutige Gestalt bekam. Man erreicht ihn über eine alte Drehbrücke.

Am **Alten Garten,** der heute leider nichts mehr zeigt von der grünen Pracht vergangener Zeiten und der das Bindeglied zwischen Schloss und Altstadt ist, stehen einige repräsentative Gebäude: Von der Schlossbrücke aus betrachtet, steht links die **Siegessäule** als Denkmal für die Mecklenburger, die im deutsch-französischen Krieg 1870/71 ihr Leben ließen. Sie misst 23 Meter und ist der Phokassäule in Rom nachgebildet. An der Nordwestseite befinden sich das Landeshauptarchiv und das klassizistische Kollegiengebäude, in dem die Staatskanzlei eingezogen ist. Auf der rechten Seite der Schloßstrasse folgt der Fachwerkbau des **Alten Palais**, des ältesten Gebäudes am Alten Garten aus dem späten 18. Jahrhundert, das als Wohnsitz von Großherzog Paul Friedrich und seiner Frau Alexandrine genutzt wurde zwischen 1837 und 1842. Heute fungiert es als Verwaltungsgebäude.

Nebenan steht das imposante **Mecklenburgische Staatstheater** mit seinem säulenbewehrten Eingang. 1886 wurde die im italienischen Renaissancestil errichtete Spielstätte eröffnet und galt damals als einer der modernsten Theaterbauten in Europa mit eigenem Elektrizitätswerk. Heute reicht das Angebot von Oper und Konzert über Schauspiel bis zu Ballett und Puppentheater.

Gleich nebenan folgt das **Staatliche Museum** von 1882 im Stil der griechischen Renaissance. Der prachtvolle Bau beeindruckt mit einer hochwertigen Kunstsammlung.

Es imponiert mit einer großen Treppe, die auf ionische Säulen zuführt. Die Sammlungen umfassen mehr als 100.000 Kunstwerke aller Epochen, darunter Werke von Rubens, Rembrandt, Caspar David Friedrich, Lucas Cranach und Pablo Picasso.
April – Oktober Di. – So. 11 – 18 Uhr, sonst Di. – So. 11 – 17 Uhr
Alter Garten 3, 19055 Schwerin, Tel. 0385/595 80, www.museum-schwerin.de

Nun sind es nur noch wenige Hundert Meter bis ins Stadtzentrum und zum **Altstädtischen Markt**. Bereits im 12. Jahrhundert wurde hier gefeilscht. Seine rechteckige

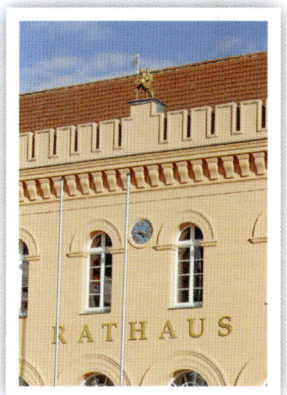

Form »verdankt« der Platz dem verheerenden Stadtbrand von 1651. Markantester Blickfang ist sicherlich das Neue Gebäude am Markt 1, das der Volksmund Säulengebäude getauft hat. Der zweigeschossige Bau entstand 1783 bis 1785 als Markthalle und gleicht mit seinen 14 dorischen Säulen eher einem Museum oder Adelspalais.
Das zweite auffällige Gebäude ist das **Alte Rathaus**, das bis in die 90er-Jahre von Oberbürgermeister und Stadtverwaltung als Amtssitz genutzt wurde. Die Fassade im Tudorstil von 1835 ist zinnenbekrönt. Auf der mittleren Zinne erkennt man die vergoldete Reiterfigur von Heinrich dem Löwen.

Dem Stadtgrüder ist ein weiteres Denkmal an der Nordseite des Marktes gewidmet. Die **Stele mit Löwenskulptur** aus dem Jahr 1995 wurde am Vorabend des 800. Todestags von Heinrich dem Löwen eingeweiht. Der viereckige Sockel ist mit Reliefbildern geschmückt, die wichtige Ereignisse aus seinem bewegten Leben darstellen.

Imposant ragt der **Schweriner Dom** in den Himmel, der zu den wichtigsten Gebäuden der norddeutschen Backsteingotik zählt.

Das dreischiffige Gotteshaus wurde 1270 neu gebaut, weil etwas einsetzte, was wir in der heutigen Zeit einen »Hype« nennen würden: Die kleine romanische Vorgängerkirche erhielt vom Schweriner Grafen Heinrich einen ominösen Schmuckstein als Geschenk, in den angeblicher ein Blutstropfen Jesu eingearbeitet war. Der Graf hatte das Stück von einem

Kreuzzug mitgebracht. Wegen dieser Reliquie entwickelte sich das kleine Gotteshaus schnell zu einer Wallfahrtsstätte, die dem stetig steigenden Pilgerstrom bald nicht mehr gewachsen war. Eine neue größere Kirche musste also her.

Ein weiterer Grund für den neuen Dom lag in der zunehmenden Rivalität der norddeutschen (Hanse-)Städte, die ihre Größe und Macht durch prestigeträchtige Bauten manifestieren wollten. Nach fast anderthalb Jahrhunderten wurde der Dom schließlich 1416 fertiggestellt.

In seiner heutigen Ausprägung ist das imposante Bauwerk mit dem gotischen Flügel-altar 105 Meter lang. Die Gewölbehöhe beträgt stattliche 26,5 Meter. Große Teile der Innenausstattung sind neugotisch und wurden im 19. Jahrhundert hinzugefügt. Den neugotischen Westturm mit seinem grünen Kupferdach und seiner imposanten Höhe von 117,5 Meter können Besucher über mehr als 200 Stufen besteigen. Der mühsame Auf-stieg lohnt: Die Aussicht über Schwerin und die zahlreichen Seen ist wahrlich grandios.

Täglich ab 10 Uhr geöffnet. Turmbesteigung ist möglich. Domführungen: Mo. 15 Uhr, Di. 11 Uhr, Do. 14 Uhr, Sa. 11 Uhr

Am Dom 4, 19055 Schwerin, www.dom-schwerin.de

Nördlich der Altstadt schließt sich der **Pfaffenteich** an. Der kleine See wurde im Mittelalter angelegt. Eine kleine Fähre verbindet das West- und das Ostufer. Ein Rundweg gewährt schöne Aussichten auf Altstadt und Dom. Sehenswert sind prächtige Bürgerhäuser und als Blickfang das **Arsenal** im Tudorstil, das früher als Zeughaus, Gefängnis und Militärgericht diente und heute das Innenministerium von Mecklenburg-Vorpommern beherbergt.

Etwa vier Kilometer südlich der Altstadt am Südufer des Faulen Sees liegt der kleine, aber feine **Zoologische Garten**. Aus bescheidenen Anfängen 1956, als man mit einem Pfleger und 17 Tieren startete, ist längst eine respektable Anlage mit 2.400 Tieren geworden, darunter Tiger, Breitmaulnashörner und Giraffen. Der Zoo punktet mit Übersichtlichkeit, guter Infrastruktur und kleinen Extras wie Elektroscooter, mit denen man das Gelände bequem erkunden kann.

ESSEN UND TRINKEN

Schlosscafé und Orangerie im Schlossgarten. Von November bis März speist man drinnen und genießt fürstlichen Prunk, in den übrigen Monaten in der Orangerie mit schönen Ausblicken auf den Burggarten.

Orangerie: täglich 10 – 18 Uhr,
Café Di. – So. 10 – 17 Uhr
Lennéstr. 1, 19053 Schwerin, Tel. 0385/525 29 15,
www.schweriner-schloss-localitaeten.de

Café Prag. Die ehemalige Hofkonditorei in einem schönen Stadthaus bietet nicht nur Kaffee und Kuchen, sondern auch Frühstück und durchgehend warme Küche. Wer vom Marktplatz Richtung Schloss spaziert, kann das »Prag« auf halbem Wege gar nicht verpassen.
Mo.–Fr. 8–19 Uhr, Sa./So. 10–18 Uhr
Schloßstr. 17, 19053 Schwerin,
Tel. 0385/56 59 09, www.restaurant-cafe-prag.de

Zur guten Quelle. Zünftiges Fachwerk-Gasthaus in der Nähe des Marktes mit kleinem Biergarten. Gutbürgerliche Küche mit mecklenburgischen Spezialitäten wie hausgemachtes Sauerfleisch.
Mo.–Fr. 11–24 Uhr, Sa./So. 11.30–24 Uhr: Schusterstr. 12, 19055 Schwerin, Tel. 0385/56 59 85, www.zur-guten-quelle.m-vp.de

ÜBERNACHTEN

Weinhaus Wöhler. Sehenswertes Fachwerkhaus aus dem 18. Jahrhundert mitten in der Altstadt. Nach umfassender Renovierung 2014 bieten die zwölf Zimmer gediegenen Komfort im Drei-bis-Vier-Sterne-Bereich. Außerdem gibt es ein Restaurant und einen Weinkontor.
Puschkinstr. 26, 19055 Schwerin, Tel. 0385/555 83-0, www.weinhaus-woehler.de

Hotel Speicher. Direkt am Ziegelsee liegt der denkmalgeschützte ehemalige Getreidespeicher aus den 30er-Jahren. Das Vier-Sterne-Haus verfügt über 77 Zimmer, biozertifizierte Küche und einen 24-Stunden-Room-Service.
Speicherstr. 11, 19055 Schwerin, Tel. 0385/500 30, www.speicher-hotel.com

EINKAUFEN

Keramikwerkstatt **Loza Fina.** Geschäft und Werkstatt unter einem Dach. Man kann den Keramikhandwerkern bei der Arbeit zusehen. Mo.–Fr. 10–18 Uhr, Sa. 10–16 Uhr
Puschkinstr. 51–53, 19055 Schwerin, Tel. 0385/20 23 41 22, www.loza-fina.de

AKTIVITÄTEN

Bootsausflüge auf dem Schweriner See, dem Ziegelsee und dem Heidensee mit der Weißen Flotte von April bis Oktober. Anleger gegenüber dem Schloss an der Werderstraße 140.
Tägliche Abfahrten von 10–19 Uhr, Tel. 0385/557 77-0, www.weisseflotteschwerin.de

INFO

Tourist-Information. Am Markt 14, 19055 Schwerin, Tel. 0385/592 52 12, www.schwerin.com

AUTORENTIPP:
Freilichtmuseum Schwerin-Mueß

In Nachbarschaft zum Zippendorfer Strand wartet das Freilichtmuseum für Volkskunde auf interessierte Besucher. Das weitläufige Gelände im früheren Bauerndorf Mueß erzählt vom entbehrungsreichen Leben der mecklenburgischen Landbevölkerung vom 17. bis zum Beginn des 20. Jahrhunderts. Man kann rund zwei Dutzend Gebäude, darunter die Dorfschmiede, eine Schule und Bauernhäuser, sowie landwirtschaftliche Geräte besichtigen.

LUDWIGSLUST

Eine halbe Autostunde südlich von Schwerin liegt Ludwigslust. Die kleine Stadt mit ihren 12.000 Einwohnern lockt mit einem barocken Schloss, das von der größten Parkanlage Mecklenburg-Vorpommerns umgeben ist.

Das **Schloss** ist eines der beliebtesten Fotomotive in Norddeutschland. Der Backsteinbau mit Sandsteinfassade wurde von 1772–1776 im Auftrag von Herzog Friedrich »dem Frommen« erbaut und sollte das einfache Fachwerk-Jagdschloss seines Vorgängers Christian Ludwig ersetzen. Auf dem Dach des E-förmigen Gebäudes thronen 40 überlebensgroße Figuren, die sinnbildlich Kunst und Wissenschaft darstellen.

Wie so oft in der Welt des Hochadels haben auch in Ludwigslust der Herzog und seine Gemahlin zwar unter einem Dach, aber doch in ihren eigenen vier Wänden und vielleicht auch in ihren eigenen Welten gelebt. So kann man im Ostflügel die Räume des Herzogs und im Westflügel die Gemächer der Herzogin Luise Friederike besichtigen.

Die meisten Besucher werden vom Goldenen Saal angezogen. Er befindet sich im Mitteltrakt und erstreckt sich über zwei Stockwerke. Mächtige Kronleuchter, kostbare Wandspiegel, große Fenster und restaurier-

tes Parkett lassen ihn besonders glanzvoll erscheinen.

Doch kaum zu glauben: Die vergoldeten Ornamente und Dekorationen auf Türen, Decken und Wänden sind mehr Schein als Sein, entstammten sie doch der heimischen Cartonfabrik. Der gute Herzog hatte sich nämlich beim Bau finanziell mächtig übernommen—und das prachtvolle Schloss war eine Nummer zu groß geraten. Nun war das Kind in den Brunnen gefallen, und so musste auf kreative Weise der Schein gewahrt bleiben. Daher fertigten kundige Handwerker und Baumeister eine Art Potemkinsches Dorf aus Papier,

Die Kunst des schönen Scheins

Als Erfinder der Technik des Ludwigsluster Cartons gilt Johann Georg Bachmann, der am Hof von Herzog Friedrich von Mecklenburg diente. Der geborene Tüftler hatte Mitte des 18. Jahrhunderts ein geheim gehaltenes Verfahren entwickelt, Papiermaché witterungsfest und beständig zu machen. Somit konnten etwa kostengünstig Büsten im Park ausgestellt werden, die nicht aus Stein oder Marmor bestanden, sondern aus in Schichttechnik bearbeitetem Papier. Bachmann ließ sich nicht in die Karten blicken und hielt seine Rezeptur nicht schriftlich fest. Auch ließ er sich beim Fertigungsprozess nicht beobachten und wechselte nach jedem Arbeitsschritt seine Arbeiter aus. Bachmanns Entdeckung sorgte dafür, dass im Schloss zahlreiche Ornamente und Dekorationen – vor allem im prunkvollen Goldenen Saal – aus Papiermaché statt hochwertigen und teuren Materialien verbaut werden konnten, was dem notorisch klammen Herzog sehr entgegenkam.

Leim und Farbe, um Prunk und Reichtum vorzutäuschen, die es in Wahrheit nicht gab. Diese Illusion setzt sich in weiteren Räumen des Schlosses fort.

Schloss/Museum. April–Oktober Di.–So. 10–18 Uhr, sonst Di.–So. 10–17 Uhr
Schlossfreiheit 1, 19288 Ludwigslust, Tel. 03874/57 19 15, www.museum-schwerin.de

Weitere Sehenswürdigkeiten finden sich am Schloss und im anschließenden Park wie etwa das **Forsthaus** und das **Louisen-Mausoleum**. Den Schlossplatz dominieren die Ende des 18. Jahrhunderts angelegten **Kaskaden** mit ihren Figuren, die die Fluss-götter der Rögnitz und der Stör darstellen. Diese beiden Flüsschen werden durch den 28 Kilometer langen und Mitte des 18. Jahrhunderts künstlich geschaffenen

Ludwigsluster Kanal verbunden. Das natürliche Gefälle war Voraussetzung für das Funktionieren der Wasserspiele und Kaskaden.

Auf der Schlossachse liegt die **Stadtkirche**, die mit ihren Säulen wie ein antiker Tempel anmutet und ehemals als Hofkirche fungier-te. Im schlicht gestalteten Innenraum mit der hölzernen Kassettendecke konnten sich die Pappmaché-Handwerker ähnlich wie im

Schloss künstlerisch austoben: auch hier also mehr Schein als Sein bei Deckenrosetten, Leuchtern und weiteren Ausstattungsgegenständen.

Im weitläufigen Park finden sich zahlreiche weitere Gebäude, Denkmäler und Skulpturen, die es zu entdecken

gilt. Besucher sollten jedoch die eigentliche Stadt nicht aus den Augen verlieren, denn auch dort gibt es manches zu entdecken. Etwa bei einem Spaziergang über die **Schloßstraße**. Die sehr breite Hauptstraße ist baulich symmetrisch gegliedert.

Aus dem Musterbuch der Ludwigsluster
Pappmaché-Manufaktur (im Passepartout)
10,50 Euro

Die einander gegenüberliegenden roten Backsteingebäude gleichen sich bis ins Detail. Für jeden Verkehrsteilnehmer gibt es eine eigene Spur: Fahrspur, Fußweg, Reiterweg. Die Lindenbäume, die alleeförmig angelegt sind, machen die Straße zu einem Erlebnis für die Sinne.

Am Ende der Schloßstraße steht die Figur der **Reitenden Alexandrine**, der früheren Großherzogin von Mecklenburg. Wer sich Ludwigslust noch einmal als Miniaturmodell vor Augen führen möchte, kann das vor dem Rathaus tun. Es ist in den Räumlichkeiten der früheren Pappmachéfabrik untergebracht.

ESSEN UND TRINKEN

Lindencafé. In der schönsten Straße der Stadt liegt dieses gemütliche kleine Café in einem Haus aus dem 18. Jahrhundert, wo man vom Frühstück über Kaffee und Kuchen bis zu Salaten, Fleisch- und Pastagerichten eine breite Palette an Speisen und Getränken erhält. Bei schönem Wetter sitzt man auf der Terrasse.

Schloßstraße 12, 19288 Ludwigslust, Tel. 03874/206 03, www.lindencafe-ludwigslust.de

»Alte Wache« Kaffeehaus & Restaurant. Stilvolles Speisen unter Kronleuchtern. Leckeres Essen und angemessene Preise. Kaffee und Kuchen werden ergänzt durch eine kleine Speisekarte mit Salaten, Hauptgerichten und Desserts.
Di.–Sa. 11–21 Uhr, So. 11–18 Uhr
Schlossfreiheit 8, 19288 Ludwigslust, Tel. 03874/57 03 53,
www.altewache-ludwigslust.de

ÜBERNACHTUNG

Landhotel de Weimar. In unmittelbarer Nachbarschaft zum Schloss gelegen mit ausgezeichnetem Restaurant »Ambiente«. Gilt als erste Herberge am Platz. 46 Zimmer und Suiten, individuell eingerichtet.
Schloßstraße 15, 19288 Ludwigslust,
Tel. 03874/41 80, www.landhotel-de-weimar.de

INFORMATION

Hauptsaison: Mo./Do. 10–13 und 14–17 Uhr, Di./Fr. 10–13 und 14–18 Uhr, Sa./So. 10–15 Uhr, Nebensaison: Mo./Do. 10–13 und 14–16 Uhr, Di. 10–13 und 14–18 Uhr, Mi./Fr. 10–13 Uhr
Schloßstraße 36, 19288 Ludwigslust, Tel. 03874/52 62 51, www.stadtludwigslust.de

GÜSTROW

Wenn Städte einen Beinamen tragen, gelten sie beinahe als geadelt. Auch Güstrow darf sich mit solchen Attributen schmücken: Residenz- und Barlachstadt weisen auf eine gewisse politische und kulturelle Bedeutung hin. Mecklenburg-Güstrow entstand im 17. Jahrhundert als Teilherzogtum. Und der Bildhauer Ernst Barlach schuf hier einige seiner bedeutendsten Werke.

Knapp 30.000 Einwohner machen Güstrow zur siebtgrößten Stadt in Mecklenburg-Vorpommern. Die Altstadt mit den wichtigsten Sehenswürdigkeiten wird von einem Grüngürtel umgeben und beeindruckt mit Fachwerkhäusern, imposanten Bürgerhäusern, Renaissancebauten und dem klassizistischen Rathaus. Ein guter Ausgangspunkt für einen Stadtspaziergang ist das **Schloss** mit seiner beinahe quadratischen Gartenanlage.
Es wurde Mitte des 16. Jahrhunderts errichtet und gilt als eines der bedeutendsten Renaissancebauwerke in Norddeutschland. Hier residierten die Herzöge von Mecklenburg-Güstrow, nachdem das ursprüngliche Herzogtum Mecklenburg nach Erbstreitigkeiten in zwei Teilherzogtümer aufgeteilt worden war: Die Hauptlinie unter Johann Albrecht I. baute Schwerin als Residenz weiter aus, und dessen Bruder, Herzog Ulrich, stand fortan der Nebenlinie in Güstrow vor.
Das Backsteinschloss mit seinen vier Flügeln vereint italienische, niederländische und deutsche Stilelemente. Für den Rohbau zeichnete 1565 der italienischstämmige Architekt Franz Parr verantwortlich, in dessen Fußstapfen dann der Niederländer Philipp Brandin trat, der die Residenz schließlich 1599 vollendete.

Die meisten Räume und Gemächer kann man besichtigen. Die Gewölbe beherbergen eine bedeutende Mittelaltersammlung, in den Wohn- und Empfangsräumen stehen kostbare Möbel aus der Zeit der Renaissance und des Barock. Unter den Gemälden finden sich unermesslich wertvolle Werke von Cranach und Tintoretto. Seit 1995 fungiert Schloss Güstrow auch als Außenstelle des Staatlichen Museums Schwerin.

Das Gebäude wird zur Zeit aufwendig restauriert und voraussichtlich bis 2023 teilweise geschlossen sein.

Di.–So. 11–17 Uhr, Franz-Parr-Platz 1, 18273 Güstrow, Tel. 03843/75 20, www.schloss-guestrow.de

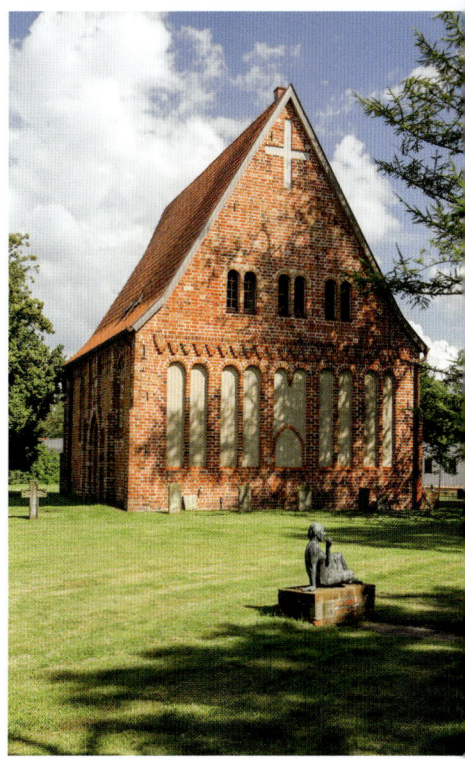

Der berühmte Künstler Ernst Barlach, der in Wedel das Licht der Welt erblickte, schuf bedeutende Teile seines Werkes in Güstrow. Am Gertrudenplatz am Rande der Altstadt steht das kleine gotische Gotteshaus aus dem 15. Jahrhundert, in dem einige seiner Holzskulpturen ausgestellt sind.

Ernst-Barlach-Museum/Gertrudenkapelle, Gertrudenplatz 1, 18273 Güstrow, Tel. 03843/68 30 01

Der zweite Standort mit dem größten Teil des künstlerischen Nachlasses befindet sich einige Kilometer entfernt im modernen Ausstellungsforum und **Atelierhaus am Inselsee.** Gezeigt werden berühmte Holzarbeiten wie »der Träumer« und »die lachende Alte«. Daneben zahlreiche Grafiken im sogenannten Grafikkabinett. April – Oktober Di. – So. 10 – 17 Uhr, November – März Di. – So. 11 – 16 Uhr

Heidberg 15, 18273 Güstrow, Tel. 03843/84 40 00, www.Ernst-Barlach-Stiftung.de

Bei der Besichtigungstour sollte man den **Dom** in typisch norddeutscher Backsteingotik mit seinem mächtigem Turm keinesfalls verpassen. Er wurde 1226 von dem mecklenburgischen Fürsten Heinrich Borwin II. gestiftet, doch erst 1335 eingeweiht. Das Gotteshaus im Stil einer Basilika mit kreuzförmigem Grundriss und langgestrecktem Chorraum ist in der Spitze eigentümlich abgeknickt. Dafür gibt es keine Erklärung. Im Inneren fällt vor allem die bronzene Barlach-Skulptur »Der Schwebende« mit den Gesichtszügen von Käthe Kollwitz ins Auge, außerdem der Hauptaltar, die Domkanzel und das Chorgestühl. Der Nachguss der Skulptur von 1953 basiert auf dem Original aus dem Jahr 1927, das von den Nazis 1937 als sogenannte »entartete Kunst« entfernt und eingeschmolzen wurde.

Als zweite bedeutende Kirche der Stadt gilt die **Marienkirche** am Rathaus, die erstmals 1308 erwähnt wurde. Ein verheerender Brand nach einem Blitzeinschlag 1503 zerstörte das Gotteshaus bis auf die Grundmauern. Bereits fünf Jahre später wurde die neue, fünfschiffige Kirche wieder eingeweiht. Sie besaß einen markanten Turm von 53 Meter Höhe, der größer war als der Turm des Doms.

Ende des 19. Jahrhunderts wurde die Kirche baulich erneut umgestaltet und erhielt ihre heutige dreischiffige Form. Besonders wertvoll ist im Inneren der berühmte Schnitzaltar von Jan Bormann aus dem Jahr 1522.

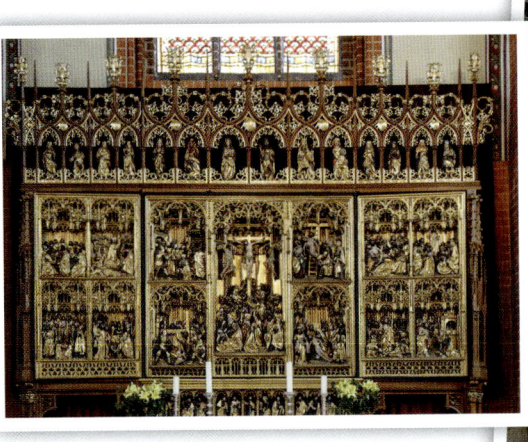

ESSEN UND TRINKEN

Barlach Stuben. Traditionelle mecklenburgische Küche auf gutem Niveau.
Täglich 11.30 – 15 und 17.30 – 23 Uhr
Plauer Str. 7, 18273 Güstrow, Tel. 03843/34 46 14,
www.barlach-stuben.de

Café Wunderbar. Gemütliches Altstadt-Restaurant mit regional und mediterran inspirierter Speisekarte sowie saisonalen Gerichten.
Mo.– Fr. 9 Uhr mit open end,
Wochenende 10 Uhr mit open end
Krönchenhagen 10/11, 18273 Güstrow,
Tel. 03843/77 69 27, www.wunderbar-guestrow.de

ÜBERNACHTEN

Kurhaus am Inselsee. Zwar nicht zentral, dafür aber sehr ruhig und beschaulich am Inselsee gelegen. Das Haus auf Vier-Sterne-Niveau bietet so einiges: Bar, Restaurant, Wellness, Badestrand und Bootsverleih.

AUTORENTIPP:
Natur- und Umweltpark

Kein klassischer Zoo, sondern ein Park mit heimischen Wildtieren wartet auf die Besucher östlich der Stadt. Die tierischen Stars sind das Wolfsrudel und die beiden Braunbären, die im Freigelände angesiedelt sind und die man von mehreren Schauterrassen aus bei der Nahrungssuche, beim Klettern und anderen Aktivitäten beobachten kann. Daneben gibt es Auerochsen, Fische und Damwild zu sehen sowie Greifvögel, Luchse, Wildschweine, Störche, Kraniche und zahlreiche weitere Arten. Am Eingang befindet sich das Umweltbildungszentrum mit ständigen Ausstellungen zu Natur- und Umweltthemen.

Kurzum:
Ein gelungenes Gesamtkonzept für die ganze Familie.

AKTIVITÄTEN

KneipenKultTour. Jedes Jahr im Frühjahr laden die Kneipen der Stadt zu einem Besuch mit Livemusik ein. www.guestrow-tourismus.de

TOURIST INFORMATION

Mo.– Fr. 9 – 19 Uhr (Oktober – April bis 18 Uhr), Sa. 10 – 17 Uhr (Oktober – April bis 16 Uhr),
So. 11 – 17 Uhr (Oktober – April bis 16 Uhr), Franz-Parr-Platz 10, 18273 Güstrow, Tel. 03843/68 10 23,
www.guestrow-tourismus.de
Im selben Gebäude befindet sich auch das kleine **Stadtmuseum**.
Oktober – April Mo.– Fr. 9 – 18 Uhr, Sa. 10 – 16 Uhr, So. 11 – 16 Uhr,
Mai – September Mo.– Fr. 9 – 19 Uhr, Sa. 10 – 17 Uhr, So. 11 – 17 Uhr

KLOSTER DOBBERTIN

Nördlich von Lübz liegt **Kloster Dobbertin** versteckt auf einer kleinen Landzunge, die in den Dobbertiner See hineinragt. Die Mönche haben die Anlage so gebaut, dass sie herannahende Feinde rechtzeitig erkennen konnten.

Die Gründung der Anlage liegt im historischen Dunkel. Wissenschaftler datieren den Zeitraum auf etwa 1219 bis 1225. In der Folgezeit profitierte das Benediktinerkloster von den großzügigen Schenkungen der mecklenburgischen Fürsten erheblich und vergrößerte seinen Einfluss.

Einen Einschnitt begründet die Umwandlung des Mönchsklosters in ein Nonnenkloster der Benediktinerinnen um das Jahr 1231 herum. Vorausgegangen waren Streitigkeiten mit dem Mutterhaus in Stade, aus dem nicht wenige der ursprünglichen Mönche stammten. Diese gingen dorthin zurück und überließen den Frauen des Ordens das bereits gut bestellte Terrain.

Fortan lebten bis zu 30 Nonnen im Kloster. Schließlich wurde die Anlage 1572 zu einem evangelischen Stift für adlige Damen umgewandelt. Die unverheirateten adligen Fräuleins wurden schon bei der Geburt von ihren Eltern auf die Warteliste gesetzt. Bis ein Platz für eine Nachrückerin frei wurde, vergingen oft Jahrzehnte.

In den folgenden Jahrhunderten entwickelte sich das Kloster zu einem der größten und prosperierendsten Unternehmen in ganz Mecklenburg. Viele Menschen der Region fanden hier Arbeit. Bis zu 130 Dörfer zählten zum Klosterreich, daneben riesige Ländereien, Seen, Handwerksbetriebe, Sägewerke, Mühlen und allerlei Manufakturen. Daneben kümmerte sich Kloster Dobbertin auch um die Armen und Kranken.

Im 20. Jahrhundert erlebte die Anlage eine wechselvolle Geschichte: In der Weimarer Republik verstaatlicht, wohnten in der Zeit des Nationalsozialismus in den leerstehenden Klosterwohnungen ausgebombte Familien der SS. Zu DDR-Zeiten fungierte das Kloster als Alten- und Pflegeheim. Nach der Wende übernahm das Diakoniewerk Kloster Dobbertin die Trägerschaft und betreut seitdem Behinderte und alte Menschen.

Am Kloster, 19399 Dobbertin, Tel. 03 87 36/861 00, www.kloster-dobbertin.de

Blickfang sind die Kirche aus dem späten 13. Jahrhundert mit ihr Kreuzgang mit Kreuzrippengewölbe, die im 19. Jahrhundert von Georg Adolf Demmler nach Plänen von Karl Friedrich Schinkel umgebaut wurde und ihre heutige Form erhielt. Um die Kirche gruppieren sich die historischen Klostergebäude. Dazu zählen das Küchenmeisterhaus, das Refektorium, das alte Brau- und Brennhaus sowie das Damenhaus.

ESSEN UND TRINKEN

Klostercafé im Brauhaus. Kaffee, Kuchen und kleine Gerichte in historischem Ambiente. Mai–Oktober Di.–Fr. 11–17.30 Uhr, am Wochenende bis 18 Uhr

ÜBERNACHTEN

Insel-Hotel und Ferienhäuser Dobbertin. Die ehemalige alte Wassermühle aus dem 18. Jahrhundert liegt am Dobbertiner See und bietet acht Zimmer und drei Apartments. Restaurant.
An der Mühle 2, 19399 Dobbertin, Tel. 03 87 36/802 43, www.insel-hotel-dobbertin.de

SHOPPING

Klosterladen. Von Büchern bis Kunsthandwerk.
Mai–September täglich 11–17 Uhr, Tel. 03 87 36/861 21

AKTIVITÄTEN

Fahrradverleih Dobbertin. An der Mühle 4, 19399 Dobbertin, Tel. 0173/622 32 07, ab 8 Euro pro Tag.

INFORMATION

Touristinformation im Kloster. Mai–September täglich 11–17 Uhr
Am Kloster, 19399 Dobbertin, Tel. 03 87 36/82 00, www.waelder-sehen-mehr.de

PLAU AM SEE

Nimmt man es genau, so liegt Plau am See gar nicht am See. Der plätschert etwa einen Kilometer entfernt vor sich hin. Dennoch liegt das 6.000-Einwohner-Städtchen am Wasser. Die Elde, übrigens der längste Fluss in Mecklenburg-Vorpommern, fließt durch den Luftkurort. Hier beginnt auch die Müritz-Elde-Wasserstraße, die die Müritz mit der Elbe verbindet und dabei zahlreiche weitere Seen durchfließt. Der Plauer See steht, was die Größe angeht, mit seinen gut 38 Quadratkilometern an dritter Stelle in diesem Bundesland. Deutschlandweit zählt er zu den Top Ten.

Weithin sichtbar leuchtet die **blaue Hubbrücke** mit dem braunen Holzhäuschen darauf, die 1916 gebaut und in den 90er-Jahren komplett rekonstruiert wurde. Bei Bootsdurchfahrten kann sie knapp zwei Meter angehoben werden. Eine zweite interessante Brücke befin-

TIPP

RUNDBUS PLAUER SEE

Mit dem Doppeldecker-Ausflugsbus lässt sich die Gegend rund um den Plauer See auf entspannte Art entdecken. Die Tageskarte ist 24 Stunden gültig. Mit ihr können zahlreiche Sehenswürdigkeiten an 21 Haltepunkten angefahren werden. Von Mai bis September führt die Route im Uhrzeigersinn um den See. Der signalrote Bus fährt im Zwei-Stunden-Takt, bei schönem Wetter mit offenem Cabrioverdeck.

Tickets: Erwachsene 16 Euro,
Kinder von 5 – 12 Jahren 10 Euro,
Familienkarte 36 Euro.

det sich nur wenige Hundert Meter eldeabwärts an der historischen Schleuse von 1834. Der Volksmund ist ja bekanntlich nicht auf selbigen gefallen und nannte sie ganz einprägsam **Hühnerleiter,** weil statt Treppenstufen Leisten aufgenagelt sind. Hier schauen Besucher gerne bei der Schleusung der Boote zu.

Spaziert man an der Elde entlang Richtung See, erreicht man den modernen **Leuchtturm**. Es lohnt sich hochzusteigen. Von der Aussichtsplattform in acht Meter Höhe genießt man einen schönen Rundumblick auf See und Stadt.
Geöffnet täglich von 10 – 18 Uhr

Nur wenige Gehminuten sind es vom Wasser bis in die historische Altstadt, wo am Marktplatz das **Rathaus** im Stil der niederländischen Neorenaissance von 1888 ins Auge fällt. Mit seinem markanten Uhrenturm und den wilden Weinranken an der Fassade ist es ein beliebtes Fotomotiv. Der Vorgängerbau fiel einem Brand zum Opfer. Verheerende Stadtbrände haben Plau am See im Laufe der Jahrhunderte immer wieder heimgesucht und Schneisen der Verwüstung

hinterlassen: Zwischen 1455 und 1756 wurden achtmal größere Teile der Stadt in Schutt und Asche gelegt.

An der Westseite des Marktes steht die **Stadtkirche St. Marien**, im 13. Jahrhundert im Stil einer westfälischen Hallenkirche gebaut. Sehenswert sind die Kronleuchter, das Taufbecken und der gotische Schnitzaltar in der Sakristei. Wie in vielen Kirchen können Besucher auch hier den Turm besteigen und aus 36 Meter Höhe einen Panoramablick auf Stadt und Landschaft genießen.

April – Oktober täglich 9 – 18 Uhr, Turmbesteigung 1 Euro

Kirchplatz 3, 19395 Plau am See, Tel. 03 87 35/402 00, www.kirche-plau.de

Der dritte Turm, den man in Plau besichtigen kann, ist der historische **Burgturm**, der als Teil einer Wehranlage 1449 gebaut wurde, um die Stadt vor Raubrittern aus dem Brandenburgischen zu schützen. Später bot sie Schutz vor Plünderungen im Dreißigjährigen Krieg. Am Ende des Krieges gab es für die Wehranlage keine Verwendung mehr, und sie wurde zurückgebaut. Einzig der Turm blieb erhalten und verfiel zusehends. Es brauchte erst eine Bürgerinitiative, um das Bauwerk umfassend zu sanieren und für Besucher attraktiv zu gestalten. Vor allem das tiefe Verlies ist ein Touristenmagnet.

Burgturm und Museum: Ostern bis 31. Oktober täglich 10 – 17 Uhr
Kombikarte Burgturm/Museum: 3 Euro, Kinder: 0,50 Euro
Burgplatz 2, 19395 Plau am See, Tel. 03 87 35/443 75, www.burgmuseum-plau.eu

Auf dem Burghof steht das **historische Technikmuseum**. Es zeigt Exponate aus Industrie und Handwerk des 19. Jahrhunderts. So kann man eine alte Druckmaschine und eine Schuhnagelmaschine bewundern. Im Mittelpunkt der Ausstellung steht der heimische Erfinder Ernst Alban, der als einer der Pioniere des Hochdruck-Dampfmaschinenbaus gilt.

2014 wurde nach längerer Bauzeit auch das Obergeschoss im Turm fertiggestellt. Dort ist nun die Ausstellung des Bildhauers Wilhelm Wandschneider eingezogen, auch ein Sohn der Stadt.

ESSEN UND TRINKEN

Fackelgarten. In der Nähe der Hubbrücke. Frische Küche mit mecklenburgischen, französischen und asiatischen Elementen. Schöner Wintergarten und Terrasse.
Mai – Oktober 15 – 22 Uhr, Do. Ruhetag, November – April Mi. – So. 15–21 Uhr
Dammstr. 1, 19395 Plau a. S., Tel. 03 87 35/85 30, www.fackelgarten.de

Zeislers Esszimmer

Zeislers Esszimmer. Zentral gelegen mit Blick auf die Elde. Küche mit Niveau und bemerkenswerten Gerichten.
Mi. Ruhetag, sonst 11.30 – 22 Uhr, Strandstr. 4, 19395 Plau a. S.,Tel. 03 87 35/49 70 00, www.zeislers.de

ÜBERNACHTEN

Fackelgarten. Gutes Essen und acht ansprechde Zimmer warten auf die Gäste.
EZ ab 59 Euro, DZ ab 69 Euro (Adresse s. o.)

AKTIVITÄTEN

Kanutouren auf dem See. Natürlich kann man bequem mit dem Ausflugsboot den Plauer See erkunden und dabei Kaffee und Kuchen genießen. Wer das Ganze etwas sportlicher sieht, wählt das Kanu oder frönt dem Trendsport Standup-Paddling.
Kanuverleih Stefan Bull, Lübzer Str. 17b
19395 Plau a. S., Tel. 03 87 35/148 83
www.kanuteam-plauamsee.de. Ab 6 Euro/Std.

INFORMATION

Tourist Info Plau am See
Mai – September Mo. – Sa. 9 – 18 Uhr, So. 10 – 16 Uhr,
April/Oktober Mo. – Fr. 10 – 17 Uhr, Sa./So. 10 – 14 Uhr,
November – März Mo./Di./Do./Fr. 10 – 16 Uhr,
Mi. 10 – 12 Uhr, Sa. 10–14 Uhr
Marktstr. 20, 19395 Plau a. S., Tel. 03 87 35/456 78,
www.plau-am-see.de

LÜBZ

Etwa 15 Kilometer westlich von Plau liegt die Kleinstadt Lübz. Der Name verrät einen slawischen Ursprung (die ursprüngliche Bezeichnung lautete Lubec, nach dem slawischen Gründer). 1224 wurde der Ort erstmals urkundlich erwähnt. Anfang des 14. Jahrhunderts besetzten die brandenburgischen Markgrafen das Gebiet, bevor es nach einem kurzen Interregnum dem Fürstentum Mecklenburg zufiel. 1456 schließlich erhielt Lübz das Stadtrecht.

Wie überall in der ehemaligen DDR wurde auch hier der kleine historische Stadtkern um den Marktplatz in den 90er-Jahren mit großem Aufwand restauriert. Sichtbares Überbleibsel der einstigen Eldenburg, die die brandenburgischen Markgrafen Anfang des 14. Jahrhunderts erbauten, ist der spätromanische **Amtsturm** von 1308, in dem sich seit den 70er-Jahren das Stadtmuseum befindet.

Die Burg selbst wurde 1750 abgerissen, nachdem sie zur Ruine verkommen war. Der Wehrturm erfreut sich bundesweiter Bekanntheit, zumindest bei Freunden des Gerstensafts, prangt er doch auf jeder Bierflasche der Mecklenburgischen Brauerei Lübz.

Das **Stadtmuseum** im Amtsturm bietet auf vier Etagen Wissenswertes zur Stadtgeschichte, zum Handwerk und zur Brauerei. Mai – September Di. – Fr. 10 – 12 Uhr und 13 – 17 Uhr, Wochenende 10 – 12 Uhr und 13 – 16 Uhr, Oktober – April Di. – Fr. 10 – 12 Uhr und 13 – 16 Uhr,

Eintritt: Erwachsene 4 Euro, Kinder bis 10 Jahre 1,50 Euro

Am Markt 25, 19386 Lübz, Tel. 03 87 31/50 74 30

Im historischen **Amtshaus** finden sich weitere Räume des Museums. Vor dem Gebäude fällt ein ungewöhnliches Denkmal ins Auge: Die »Schirmkinder« des Bildhauers Christian Genschow, der mit dieser Darstellung die Kindermode des ausgehenden 19. Jahrhunderts dokumentiert hat.

Unweit des Marktplatzes steht auf einer kleinen Anhöhe die im 16. Jahrhundert erbaute **Stadtkirche** aus Backstein. Der spätgotische Bau mit Tonnengewölbe weist auch Renaissance-Elemente auf. Hinter dem Altar befindet sich das Grabmal von Herzogin Sophie, die auch das Witwenstift errichten ließ.

Pfarrstr. 1, 19386 Lübz, Tel. 03 87 31/223 19

Einen schönen Rundumblick genießt man vom **Alten Wasserturm** von 1913. Zum Aussichtspunkt in 37 Meter Höhe führt eine Wendeltreppe.

Öffnungszeiten auf Nachfrage, Am Wasserturm, 19386 Lübz, Eintritt 1 Euro

Lübz verfügt auch über ein **Planetarium**, das Ende der 90er-Jahre um eine Sternwarte erweitert wurde. Mai – September Di. 16 Uhr Führungen
Eintritt Kinder/Jugendliche 1,50 Euro, Erwachsene 4 Euro
Neuer Teich 6, 19386 Lübz, Tel. 03 87 31/47 18 39

ESSEN UND TRINKEN

Alter Amtsturm. Schmackhafte mecklenburgische Regionalküche, schöne Terrasse mit Blick auf den Turm und die Altstadt. Oktober – April Mo. – Fr. 11 – 14 Uhr und 17 – 23 Uhr, Wochenende 11 – 23 Uhr, Mai – September täglich 11 – 23 Uhr
Am Markt 23, 19386 Lübz, Tel. 03 87 31/203 85, www.alter-amtsturm.de

ÜBERNACHTEN

Hotel Christine. Kleines gemütliches Drei-Sterne-Superior-Hotel in der ehemaligen Papiersackfabrik, 29 Zimmer, elf Ferienwohnungen und Apartments sowie vier Bungalows an der Elde-Müritz-Wasserstraße zählen ebenfalls dazu. Bar und Restaurant.
Goldberger Str. 4, 19386 Lübz, Tel. 03 87 31/242 19, www.hotelchristine.de

INFORMATION
Stadtinformation Lübz
Am Markt 23, 19386 Lübz
Tel. 03 87 31/50 74 20
www.luebz.de

MALCHOW

Die kleine Stadt Malchow liegt malerisch am gleichnamigen See. Genau genommen ist das nur die halbe Wahrheit, denn die Altstadt erstreckt sich auf einer kaum 500 Meter langen und 200 Meter breiten Insel, die über eine **historische Drehbrücke** und einen Damm mit dem Festland verbunden ist.

Die 15 Meter lange Brücke wurde im Laufe der Jahrhunderte an gleicher Stelle immer wieder neu gebaut und technisch angepasst und wird zu jeder vollen Stunde geöffnet, um den Schiffen und Booten auf der Müritz-Elde-Wasserstraße die Durchfahrt zu ermöglichen. Über die Brücke gelangen Besucher in den neuen Teil der Stadt auf dem Festland.

Malchow erhielt 1235 das Stadtrecht. Die Altstadt mit Gebäuden, die überwiegend aus dem 18. Jahrhundert stammen, besteht im Wesentlichen aus zwei Straßen, die einprägsam »Lange Straße« und »Kurze Straße« heißen und mehr oder weniger parallel zueinander verlaufen.

Im Zentrum der Altstadt steht das **Rathaus** am Alten Markt. Der stattliche Bau aus dem 19. Jahrhundert ist durch einen gläsernen Verbindungsgang im ersten Stock mit Standesamt und ehemaligem Amtsgericht verbunden.

Alter Markt 1, 17213 Malchow, Tel. 03 99 32/88 1 01

Von der Altstadt aus ist eine weitere bedeutende Sehenswürdigkeit gut zu erkennen: Das altehrwürdige **Kloster Malchow**, das man in wenigen Minuten erreicht, wenn man über den Damm spaziert.

Die lange Geschichte des Klosters reicht zurück bis 1298, als der Nonnenorden der Büßerinnen der Heiligen Maria Magdalena von Röbel nach Malchow verlegt wurde. Im 14. Jahrhundert wechselten die Nonnen die Ordenszugehörigkeit und traten den Zisterzienserinnen bei. Zunächst fungierte das Kloster als Anlaufstelle für sogenannte »gefallene Mädchen«. Später dann wohnten dort unverheiratete Adelstöchter. Die letzte »blaublütige« Bewohnerin starb 1972 und wurde auf dem nahe gelegenen Klosterfriedhof beigesetzt. Kloster 32–34, 17213 Malchow, Tel. 03 99 32/823 92

Die **Klosterkirche** im neogotischen Stil ersetzte Mitte des 19. Jahrhunderts die alte und baufällig gewordene Kirche, deren Ursprünge ins 13. Jahrhundert reichten. Die neue Kirche wurde durch einen verheerenden Brand 1888 stark beschädigt, der nur den Turm und die Außenmauern stehen ließ. Zwei Jahre später öffnete das neue Gotteshaus seine Pforten wieder für die Gläubigen.

Seit 1997 befindet sich die Klosterkirche im Besitz der Stadt und dient heute u. a. als Ausstellungsraum für das **Orgelmuseum** sowie als Konzertbühne. Gegenüber der Kirche steht das gelbe Pfarrhaus. Hier befindet sich der zweite Teil des Orgelmuseums mit weiteren Exponaten und Schautafeln zur Geschichte des heimischen Orgelbaus. März–September Di.–So., 10–17 Uhr, Kloster 26, 17213 Malchow, Tel. 03 99 32/125 37, www.orgelmuseum-malchow.de

Malchow trägt seit 2011 den offiziellen Beinamen »Inselstadt« und ist natürlich mehr als eine Reise wert, eignet sich jedoch auch hervorragend als Ausgangspunkt für die Erkundung der Region. Das malerische Städtchen liegt zentral im Gebiet der Seenplatte: Im Westen sind es nur drei Kilometer bis zum Ostufer des Plauer Sees, nach Nordosten hin mündet der kleine Malchower See in den Fleesensee, an den sich der Kölpinsee und dann die Müritz anschließen.

ESSEN UND TRINKEN

Don Camillo. Gemütliches italienisches Restaurant auf der Altstadtinsel mit Terrasse und Blick über den Malchower See. Tgl. von 11–23 Uhr

Lange Str. 68, 17213 Malchow, Tel. 03 99 32/140 71, www.don-camillo-malchow.com

ÜBERNACHTEN

Hotel Rosendomizil. Komfortables Hotel mit gehobener Ausstattung, Restaurant und Wellnessbereich in bester Lage auf der Altstadtinsel.

Lange Str. 2–6, 17213 Malchow, Tel. 03 99 32/180 65, www.rosendomizil.de

Ringelnatz Inselhotel. Moderne und originell gestaltete Zimmer und Apartments im mittleren Preissegment auf der Altstadtinsel mit Bistro und Saunaboot.

Lange Str. 20, 17213 Malchow, Tel. 03 99 32/54 46 21, www.ringelnatz-malchow.de

AKTIVITÄTEN

Golf. In unmittelbarer Nachbarschaft lockt die Ferienanlage Land Fleesensee mit fünf Golfplätzen (drei 18-Loch- und zwei 9-Loch-Plätze), zahlreichen weiteren Sportmöglichkeiten, z. B. Reiten und Wassersport, Gastronomie und mehreren Hotels verschiedener Kategorien, darunter das edle Schlosshotel im Barockstil und Deutschlands einziger Robinson Club.

Weitere Infos unter www.fleesensee.de

INFORMATION

Fleesensee-Touristik Malchow.

Mai–September Mo.–Fr. 10–18 Uhr, Wochenende 10–16 Uhr, Oktober–April Mo.–Fr. 10–16 Uhr

Kirchenstr. 11, Tel. 03 99 32/831 86, www.luftkurort-malchow.de

RUND UMS KLEINE MEER

WAREN

Dass Waren als das touristische Zentrum der Mecklenburgischen Seenplatte gilt, erkennt man während der Hochsaison im Sommer bei einem Hafenspaziergang: In den Cafés und Restaurants sind freie Plätze Mangelware, und auch auf dem Wasser geht es geschäftig zu. Ausflugsschiffe starten von der neu gestalteten **Marina** zu ihren mehrstündigen Touren auf der Müritz, Segel- und Motoryachten reihen sich ein in die Parade weißer Schiffe, die in der Sonne blitzen und auch bei den Flaneuren an Land fast mediterrane Urlaubsstimmung aufkommen lassen.

Wer auf der Promenade steht und aufs Wasser schaut, blickt jedoch nur auf die Binnenmüritz, die verhältnismäßig kleine Ausbuchtung von Deutschlands zweitgrößtem See. Erst wenn man mit dem Rad oder einem Schiff der »Weißen Flotte« etwa ans Westufer nach Klink fährt, erkennt man die wahren Ausmaße des »Kleinen Meeres«. Waren ist von weiteren Seen umgeben: Im Norden liegt der Tiefwarensee, im Südosten der Feisnecksee. Im innerstädtischen Bereich trifft man auf den Herrensee, an dem das Aquarium Müritzeum liegt.

Die Marienkirche mit
einer Aussichtsplattform
auf 45 Meter Höhe

Drei alte **Kornspeicher** aus dem 19. Jahrhundert rahmen das Hafenbecken ein. Sie zeigen, dass Waren in früheren Zeiten ein wichtiger Umschlagplatz für Holz und Getreide war. Die Kanalisierung der Elde zwischen 1798 und 1837 und der Bau des Bolter Kanals in derselben Zeit sorgten für eine Schifffahrtsverbindung, die Havel und Elbe und somit auch Hamburg und Berlin miteinander verband.

Auch wer vom maritimen Panorama hingerissen ist, sollte dabei die Altstadt mit all ihren sehenswerten Plätzen und Gebäuden nicht vergessen. Über die Marktstraße spaziert man links in die Große Grüne Straße und gelangt nach wenigen Minuten

zum **Alten Markt,** dem höchsten Punkt der Stadt. Hier steht das Alte Rathaus, ein zweigeschossiger Backsteinbau, der auf das 14. Jahrhundert zurückgeht und dessen Arkaden in früheren Zeiten als Gerichtslaube dienten.

In unmittelbarer Nachbarschaft erhebt sich die **St. Georgenkirche** von 1273, die durch ihren quadratischen Westturm von 1414 geradezu trutzig wirkt. Wie so oft bei mittel-alterlichen Kirchen ist durch verheerende Brände vom ursprünglichen Bau kaum etwas übrig geblieben. Der heutige Grund-riss der dreischiffigen Backsteinbasilika stammt aus dem frühen 14. Jahrhundert. Im 19. Jahrhundert wurde sie im neugo-tischen Stil umgebaut. Innen ist vor allem die Kreuzigungsgruppe aus dem 14. Jahr-hundert künstlerisch wertvoll.

Der **Neue Markt** bildet das eigentliche Zentrum der 21.000-Einwohner-Stadt. Der große Platz wird von schönen Fach-

werkhäusern eingerahmt. Hier steht auch das im englischen Tudorstil gebaute weiße **Neue Rathaus** von 1797 mit seinen türmchenartigen Streben und wirkt unter all den barocken Bürgerhäusern etwas deplatziert.

Wer die ganze Pracht der Altstadt und der Seenlandschaft aus einer ungewöhnlichen Perspektive bestaunen möchte, sollte sich die Mühe machen, die 176 Stufen des Kirchturms der **Marienkirche** bis zur Aussichtsplattform auf 45 Metern hochzusteigen. Das Gotteshaus wurde im 13. Jahrhundert auf den Überresten der Burgkapelle gebaut, denn an dieser Stelle befand sich die Warener Burg der Fürstenfamilie Werle. Somit ist die Kirche heute das älteste erhaltene Gebäude der Stadt. Auch auf diese Kirche trifft der Satz zu: auferstanden aus Ruinen. Diverse Brände und der verheerende Dreißigjährige Krieg überließen das Gebäude 100 Jahre Wind und Wetter, nachdem 1637 die Decke eingestürzt war. Erst 1790 erfolgte der Wiederaufbau, und aus der dreischiffigen Hallenkirche wurde eine einschiffige Saalkirche.

Innen ist die Kirche heute eher schlicht gehalten. Sehenswert ist die Kreuzigungsgruppe im Stil der Tiroler Holzschnitzkunst sowie das Triumphbogengemälde »Himmelfahrt Christi«.

Waren ist seit 2012 auch ein staatlich anerkanntes Heilbad. Und das verdankt die Stadt der jodhaltigen Thermalsole, die mehr als anderthalb Kilometer unter der Erde einen riesigen See bildet und mit 60 Grad ans Tageslicht gefördert wird. Nutznießer sind die Gäste des **Kurzentrums Waren** auf dem Nesselberg oberhalb der Stadt.

Die größte Attraktion der Stadt wartet am Rande der Altstadt: Das 2007 eröffnete **Müritzeum** mit seiner futuristischen Architektur ist modernes Museum und Naturerlebniszentrum in einem. Auf rund 2.300 Quadratmetern taucht man ein in die Unterwasserwelt der Müritz-Region. In Deutschlands größter Aquarienlandschaft für

heimische Süßwasserfische tummeln sich mehr als 40 Arten. Highlight ist das über zwei Etagen reichende Muränenbecken mit einem Fassungsvermögen von 100.000 Litern. Themenräume wie »Wald«, »Wasserwelt« und

»Vogelwelt« machen Besucher mit Flora und Fauna und der geografischen Beschaffenheit der Region vertraut. Das Konzept beruht auf dem interaktiven Umgang mit Themen wie Natur, Landesgeschichte und Umwelt.
Täglich von 10–19 Uhr, Erwachsene 12 Euro, Kinder 5 Euro, ermäßigt 9 Euro, Familienkarte 28 Euro, Zur Steinmole 1, 17192 Waren, Tel. 03991/63 36 80, www.mueritzeum.de

ESSEN UND TRINKEN

Hotel/Restaurant **Kleines Meer**. Ambitionierte regionale Küche auf hohem Niveau.
Täglich ab 17 Uhr 30, Alter Markt 7, Tel. 03991/64 80, www.kleinesmeer.de

Leddermann. Küche mit saisonalen und regionalen Gerichten. Tel. Mo.–So. 8–22 Uhr
Müritzstraße 16, 03991/779 62 40, www.restaurant-leddermann.de

ÜBERNACHTEN

Hotel radlon. Speziell auf die Bedürfnisse von Fahrradfahrern zugeschnittene Herberge.
Kietzstraße 13a, Tel. 03991/180 50 00, www.radlon.de

Seehotel Weit Meer. Beste Lage, sieben Schritte bis zur Müritz. Am Seeufer 54, Tel. 03991/63 30 54, www.hotel-weitmeer.de

VERANSTALTUNGEN

Müritz-Sail. Maritimes Fest über vier Tage mit zahlreichen Aktionen rund ums Wasser, von der Flottenparade bis zum Drachenbootrennen. Infos unter www.mueritzsail.net

AKTIVITÄTEN

Wassersport. Funmüritz Wassersportcenter, Zur Stillen Bucht 3, 17192 Waren, Tel. 0157/76 08 08 74, www.fun-mueritz.de

Nationalpark-Bus. Busse mit Fahrradanhängern, die während der Saison im Stundentakt auf der Strecke Waren—Rechlin fahren. Diese Busse und die Schiffe der Weißen Flotte bilden einen Verkehrsverbund, sodass Radler die Fahrt mit Bus und Schiff kombinieren können, was die Tagestouren abwechslungsreicher macht.
Tagesticket Bus für 9 Euro, Kombiticket Bus/Schiff 18 Euro, ermäßigt 4 bzw. 8 Euro,
Infos: www.mvvg-bus.de und www.weisse-flotte-mueritz.de

INFORMATION

Tourist Information im Haus des Gastes, Neuer Markt 21, 17192 Waren, Tel. 03991/74 77 90, www.waren-tourismus.de

KLINK

Weiß verputzt, mit runden Türmchen, Sprossenfenstern und verspielten Erkern könnte die schöne Residenz glatt als Loire-Schlösschen durchgehen, wären wir nicht in Klink an der mecklenburgischen Seenplatte. Arthur von Schnitzler hieß der Mann, der das **Schloss** 1898 in Auftrag gegeben hat. Der Kölner Unternehmer hatte ein Jahr zuvor an gleicher Stelle ein Rittergut mit großen Ländereien erworben, das dann seinem Traum von einem Schloss weichen musste.

Das Gebäude wurde nach dem Ende des Krieges höchst unterschiedlich genutzt: zunächst als Flüchtlingsunterkunft, zu DDR-Zeiten dann als Schulungs- und Erholungsheim. Nach der Wende wurde das Haus aufwendig renoviert, um eine Orangerie erweitert und in ein Luxushotel umgewandelt.

Das Dorf mit seinen rund 1.000 Bewohnern liegt hübsch auf einer Landenge südlich von Waren zwischen Müritz und Kölpinsee und verfügt über eine gut ausgebaute touristische Infrastruktur.

An der Straße zum Schloss steht die **Dorfkirche**, die Jacob von Holstein und seine Frau Elisabeth von Bülow 1736 errichten ließen. Das Gotteshaus weist einige bauliche Besonderheiten auf, die man sonst bei Kirchen dieses Typs nicht findet: Es besitzt keinen Turm, dafür jedoch einen Glockenstuhl mit einer Glocke aus dem 18. Jahrhundert. Dieser steht außerhalb des Gebäudes auf dem Friedhof. Der Chor ist nach Westen ausgerichtet, die Empore befindet sich im östlichen Teil. Über dem Südportal prangt ein Sandsteinwappen der Gründer.

Klink besitzt einen eigenen Yachthafen mit 130 Liegeplätzen für Motor- und Segelboote. Nur wenige Schritte sind es bis zu einigen kleinen Sandstränden, an denen sich im Sommer die Badegäste tummeln.

Vom Anleger am Schloss legen Fahrgastschiffe zu Rundfahrten ab. Bei Ausflüglern beliebt ist die achtstündige Große-7-Seenfahrt, die bis nach Plau am See führt.

ESSEN UND TRINKEN

Ritter Artus Keller. 64 Plätze innen und dazu eine lauschige Seeterrasse. Wie im Namen bereits anklingt, geht es im Ritterkeller eher rustikal zu. Geboten wird bodenständige regionale Küche von deftiger Gulaschsuppe bis zu Mutters Kohlrouladen.
Schloßstr. 6, 17192 Klink, Tel. 03991/74 70

ÜBERNACHTEN

Schlosshotel Klink. Schlafen wie die Grafen. Alle Annehmlichkeiten eines Luxushotels, von Restaurant bis Wellness.
Schloßstr. 6, 17192 Klink
Tel. 03991/74 70
www.schlosshotel-klink.de

AKTIVITÄTEN

Schiffstouren. Blau-Weiße-Flotte, Anfragen/Buchungen über Touristinfo Klink
www.schiffahrt-mueritz.de

Sun Sailing Müritz. Segelyachten verschiedenster Größe sind im Angebot, um die Seenlandschaft in Mecklenburg auf eigene Faust zu erkunden.
Hafenstr. 6a, 17192 Klink, Tel. 03991/12 50 25, www.sun-sailing-mueritz.de

INFORMATION

Tourist Information. Torhaus Klink, Schloßstr. 1, 17192 Klink, Tel. 03991/63 46 88,
www.gemeinde-klink.info

RÖBEL

Röbel liegt am westlichen Ufer der Müritz und gilt nach Waren als zweites touristisches Zentrum der Region mit zahlreichen Freizeitangeboten. Der Ort entstand bereits im 10. Jahrhundert als slawische Siedlung und erhielt 1226 das Stadtrecht. 1261 wurde Röbel unter Nikolaus von Werle um eine Neustadt erweitert. In den folgenden Jahrhunderten entwickelte sich ein eigenartiges städtebauliches Phänomen. Während in anderen Städten Alt- und Neustadt nach und nach zusammenwachsen, geschah in Röbel das genaue Gegenteil. Die slawisch geprägte Altstadt und die deutsch geprägte Neustadt schotteten sich voneinander ab. Das hatte auch religiöse Gründe: Der alte Teil gehörte zum Bistum Schwerin, die Neustadt dagegen zum Bistum Havelberg.

So errichteten die Neustädter im späten Mittelalter Mauern und Gräben, um dies auch räumlich zu dokumentieren. Auch in der sozialen Struktur unterschieden sich Altstadt und Neustadt deutlich. Während Handwerker und Kaufleute sich überwiegend in der Neustadt ansiedelten und vom Landesherren mit Ackerland belehnt wurden, lebten Bauern und Fischer meist in der Altstadt und genossen keinerlei staatliche Privilegien. Bis heute unterscheiden sich die ehemals »verfeindeten« Stadtteile anhand der Straßenführung, etwa der Ringgassen, sichtbar voneinander.

AUTORENTIPP

Wer die Kirche St. Marien besucht, sollte auf keinen Fall den Aufstieg zur Aussichtsplattform versäumen. Die Mühen des Treppensteigens werden belohnt: Aus knapp 60 Metern Höhe genießt man einen schönen Rundblick auf die Müritz, auf Wiesen, Wälder, Felder und die Altstadt von Röbel. Der Turm ist zwischen Mai und September täglich von 11 bis 16 Uhr geöffnet.

Auch in Röbel dominiert die Kirche die Altstadt. Mit dem Bau von **St. Marien** begann man 1235 auf dem ehemaligen Tempelberg des Stamms der Wenden. Damit ist das dreischiffige Gotteshaus einer der ältesten Backsteinbauten in Mecklenburg-Vorpommern. Heute ist nur noch wenig von der ursprünglichen Bausubstanz erhalten.

Den Bau der zweiten bedeutenden Kirche der Stadt, **St. Nikolai**, kann man sicher auch als Reaktion von Neu-Röbel auf den Bau der Marienkirche in Alt-Röbel verstehen. Sie wurde 1261, und damit deutlich später, errichtet und kommt mit ihrem wuchtigen Turm repräsentativer daher. St. Nikolai erhielt im 19. Jahrhundert eine neugotische Ausstattung.

Bei Besuchern sind die bunt verputzten **Fachwerkhäuser** beliebte Fotomotive. Schöne Häuser stehen etwa an der Mühlenstraße, am Kirchplatz, an der Straße des Friedens und an der Großen Stavenstraße.

St. Nikolai

Ein weiteres beherrschendes Gebäude der Stadt ist die **historische Windmühle** von 1466, die auf dem Burgberg thront. In den ersten Jahren nach Fertigstellung nutzten Dominikanermönche das heute denkmalgeschützte Bauwerk. Von 1485 an verpachteten die Gottesmänner den Betrieb an verschiedene Müller. Ende der 20er-Jahre wurde das letzte Korn gemahlen. 60 Jahre lang diente die Windmühle als Jugendherberge. Seit 2008 nun bietet sie Raum für Ausstellungen lokaler Künstler und ist während der Sommermonate geöffnet. Sehenswert ist das klassizistische und denkmalgeschützte **Rathaus** von 1805, das am Marktplatz neben der Nikolai- kirche steht und nach umfassender Renovierung Ende der 90er-Jahre in altem Glanz erstrahlt.

ESSEN UND TRINKEN

Seestern. Regionale Küche mit Wild- und Fisch- spezialitäten. Täglich 12 – 22 Uhr
Müritzpromenade 12, 17207 Röbel, Tel. 03 99 31/580 30,
www.hotel-seestern-roebel.de

Gasthaus Zum Müritzhof. Gutbürgerliche Küche mit Pfiff. Täglich 17 – 21 Uhr
Straße des Friedens 77, 17207 Röbel, Tel. 03 99 31/512 65

ÜBERNACHTEN

Seestern. Hotel mit toller Lage an der Strandpromenade.
DZ 96 Euro in der HS, 70 Euro in der NS, Müritzpromenade 12, 17207 Röbel, Tel. 03 99 31/580 30,
www.hotel-seestern-roebel.de

Seelust. Kleines komfortables Hotel direkt am See mit Restaurant und Wellnessangebot.
DZ ab 80 Euro (95 Euro in der HS), Seebadstr. 33a,
17207 Röbel, Tel. 03 99 31/58 30, www.hotel-seelust.de

AKTIVITÄTEN

Wassersport. WSC-Marina. Von der Segeljolle bis zum Motorboot reicht die Palette.
Bootsführerschein-Lehrgänge im Angebot.
Seebadstr. 37, 17207 Röbel, Tel. 03 99 31/511 23, www.wsc-roebel.de

INFORMATION

Tourist Info. November – März täglich 10 – 15 Uhr, April 9 – 16 Uhr,
Mai/Juni am Mo. – Fr. 9 – 17 Uhr, Wochenende 10 – 15 Uhr,
Juli/August Mo. – Fr. 9 – 18 Uhr, Wochenende 10 – 16 Uhr,
September Mo. – Fr. 9 – 17 Uhr, Wochenende 10 – 15 Uhr, Oktober täglich 9 – 16 Uhr
Straße der Deutschen Einheit 7, 17207 Röbel, Tel. 03 99 31/801 13, www.stadt-roebel.de

MÜRITZ-NATIONALPARK

Was für eine herrliche Aussicht: Wer nach 167 Stufen auf der Besucherplattform des **Käflingsbergturms** bei der Ortschaft Kargow steht, erkennt schnell, was den Müritz-Nationalpark ausmacht: Dichte Kiefernwälder, von unzähligen schilfbestandenen Gewässern und Mooren durchzogen, legen einen riesigen grünen Teppich aus. In 31 Meter Höhe geht der Blick bei gutem Wetter bis nach Waren und Neustrelitz. Das »Kleine Meer« taucht in der Ferne auf und manchmal sogar Neubrandenburg. Doch die wahren Schätze des größten terrestrischen Nationalparks auf deutschem Boden zeigen sich erst dann, wenn man die 650 Kilometer Rad- und Wanderwege für seine Naturerkundungen nutzt.

Und da gibt es viel zu entdecken: Zu den Höhepunkten der Tierbeobachtung zählen der Zug der Kraniche im Herbst und die Hirschbrunft im Spätsommer. Die Adlerdichte ist nirgendwo in Mitteleuropa größer als hier. See- und Fischadler ziehen majestätisch ihre Kreise auf der Suche nach Beute. Mehr als 200 Vogelarten und fast 700 Schmetterlingsarten sind im Nationalpark dokumentiert. Mehr als 1.000 Pflanzenarten zeugen von einer unvorstellbar großen Biodiversität, wie man sie nur selten in Deutschland antrifft.

Bei aller Üppigkeit und Vielfalt der Natur macht sich ein Lebewesen rar: der Mensch. Im Nationalpark leben kaum 800 dieser Exemplare. 72 Prozent der Fläche bestehen aus Wald, weitere 13 Prozent aus Gewässern und rund 8 Prozent aus Mooren. Vor allem die Unzugänglichkeit der Seeufer und Sumpfgebiete bietet zahlreichen Wasservögeln Rückzugsmöglichkeiten.

Genau genommen besteht das Schutzgebiet aus zwei räumlich voneinander getrennten Landschaften: dem größeren westlichen Teil am östlichen Müritzufer und dem kleineren Teil am Übergang zwischen der Mecklenburgischen Seenplatte und der Feldberger Seenlandschaft. Auf dieser Trennlinie liegt die Stadt Neustrelitz.

INFORMATION

Nationalpark-Service Müritz. Täglich 9 – 18 Uhr, Oktober sowie 25. März – 13. April täglich 10 – 17 Uhr, Damerower Str. 6, 17192 Federow, Tel. 03991/66 88 49
www.nationalpark-service.de

Im östlichen Teil erheben sich die **Serrahner Berge**, wobei diese Bezeichnung recht euphemistisch anmutet angesichts der Tatsache, dass die Erhebungen gerade

mal etwas über 120 Meter ausmachen. Teile des Waldgebiets wurden wegen der Buchenurwälder 2011 in den Rang eines UNESCO-Weltnaturerbes erhoben. Ein Walderlebnispfad verbindet die Dörfer Serrahn und Zinow und lässt den Wanderer nah an den Buchenurwald herankommen.

Der Müritz-Nationalpark als größter terrestrischer Nationalpark Deutschlands mit seinen 322 Quadratkilometern ist tatsächlich noch eine Hinterlassenschaft der Regierung der DDR. Die Gründung am 1. Oktober 1990 datiert zwei Tage vor der Wiedervereinigung. Zu DDR-Zeiten gehörten Teile des Parks zum Jagdrevier der Staats- und Parteispitze, andere Gebiete wurden als Truppenübungsplatz genutzt.

In **Federow** befindet sich eine wichtige Informationsstelle des Nationalpark-Service. Folgt man der Straße weiter, gelangt man nach **Schwarzenhof** am Müritz-Radweg. Auch hier gibt es eine Nationalpark-Informationsstelle, die im ehemaligen Forstamt untergebracht ist.

Weiter geht es nach **Speck** mit seiner klassizistischen Kirche aus dem 19. Jahrhundert und dem **Specker Schloss**. Hinter dem Gebäude führt ein alter Holzsteg zum kleinen Priesterbäker See, von dem aus der Käflingsbergturm zu sehen ist.

ÜBERNACHTEN

Nationalparkhotel Kranichrast. Ideal für Familien.
DZ 90 Euro, EZ 65 Euro. Dorfstr. 15, 17192 Kargow/Schwarzenhof,
Tel. 03991/67260, www.nationalparkhotel-kranichrast.de

Altes Gutshaus Federow. Gediegenes Übernachten mit Stil.
DZ ab 89, EZ ab 67 Euro. Am Park 1, 17192 Federow,
Tel. 03991/674980, www.gutshaus-federow.de

ESSEN UND TRINKEN

Die bunte Kuh. Ein rustikaler Bauernhof mit Pension, Restaurant und Biergarten.
DZ ab 65 Euro. Dammerower Str. 8, 17192 Federow, Tel. 03991/670038, www.diebuntekuh.com

AKTIVITÄTEN

Nationalpark-Service Müritz. Die geführten Wanderungen reichen von der Adlersafari über die Kranichtour bis zur Vogelstimmenführung und zur Wildpflanzenbestimmung. Mehrstündige Ausflüge.
Preise ca. 10 – 14 Euro, Tel. 03991/668849, www.nationalpark-service.de

Kanu Hecht. Kanuverleih und geführte Touren durch das Wasserreich der Seenplatte.
Ingo Hecht, Dalmsdorf 5c, 17237 Kratzeburg, Tel. 039822/17988, www.kanu-hecht.de

AUTORENTIPP: Kraniche

Für Ornithologen ist der Müritz-Nationalpark ein ganz besonderes Revier. Hier sammeln sich von Ende August an die Kranich-Brutpaare aus der Region. Im September kommen dann Tausende von Vögeln aus Skandinavien dazu und legen einen Zwischenstopp auf dem Weg in den sonnigen Süden ein. Gute Beobachtungsmöglichkeiten bietet der Rederangsee (etwa sieben Kilometer südöstlich von Waren), der zwischen den Dörfern Federow und Müritzhof liegt. Infos zu geführten Kranichtouren unter www.nationalpark-service.de

Kormorane bevölkern einen Baum am Warnker See.

NEUSTRELITZ UND DIE FELDBERGER SEEN

NEUSTRELITZ

Auseinandersetzungen sind oft die Keimzelle für etwas Neues. Nachdem die mecklenburgischen Herzöge 1701 ihre Erbstreitigkeiten beigelegt hatten, entwickelten sich daraus die Teilherzogtümer Mecklenburg-Schwerin und Mecklenburg-Strelitz. Herzog Adolf-Friedrich III. lebte zunächst im nahe gelegenen Strelitz in einer bescheidenen Burg. Als diese jedoch 1712 ein Raub der Flammen wurde, ließ er das wenige Kilometer entfernte Jagdschloss Glienecke zur neuen Residenz ausbauen. Aus ihr entwickelte sich über viele Jahre das neue Strelitz.

Doch was ist ein Herrscher ohne Hofstaat? Schon bald folgten die Bediensteten ihrem Herrn und zogen unweit in eine neu errichtete Siedlung ein. Die Hauptstadt nahm langsam Gestalt an. Dem ungeduldigen Landesvater ging das alles jedoch nicht schnell genug. 1733 machte er ein öffentliches Lockangebot, dem man als Untertan nur schwer widerstehen konnte: Wer sich in der neuen Hauptstadt ansiedeln wollte, erhielt kostenloses Bauland samt Baumaterialien und Steuerfreiheit für zehn Jahre.

Zwei Baumeister sollten in der Folgezeit die Entwicklung der letzten deutschen barocken Stadtgründung in Angriff nehmen und ihr ein unverwechselbares architektonisches Gesicht verleihen: Der aus Braunschweig stammende Christian Julius Löwe und der von Schinkel empfohlene junge Friedrich Wilhelm Buttel, der u. a. für die Schlosskirche und das umgestaltete Rathaus verantwortlich zeichnete.

Vom quadratischen **Marktplatz** zweigen acht sternförmige Straßen ab, bei denen die Namen erkennen lassen, wohin die Reise geht. Über die Schloßstraße erreicht man den Schlossgarten mit seinen Sehenswürdigkeiten, über die Seestraße gelangt man zum Hafen, und die Strelitzer Straße am Rathaus ist eine Fußgängerzone mit Einkaufsmöglichkeiten.

In der Mitte des Platzes steht ein Rondell. Es stammt von 1866 und ist mit 32 Eschen bepflanzt, die sich in lockerer Anordnung um das Wasserspiel mit seinen 36 Fontänen gruppieren. Der Marktplatz mit seinen Cafés und Restaurants ist ein beliebter Treffpunkt von Einheimischen und Besuchern, die an der Einmündung der Strelitzer Straße zum Platz die Touristen- und Nationalparkinformation finden.

An der Ostseite erhebt sich das **Rathaus** von1841. Der zweistöckige klassizistische Putzbau mit seinen Arkaden wurde im Laufe der Zeit erweitert und 2006 umfassend saniert.

Das zweite auffällige Gebäude am Marktplatz ist die **Stadtkirche** von 1778. Ihre heutige Gestalt erhielt sie 1831, als Baumeister Friedrich Wilhelm Buttel den Turm hinzufügen ließ. Der Innenraum besticht durch einen spätbarocken Altar und eine Grüneberg-Orgel. Besucher sollten den Aufstieg über mehr als 200 Stufen zur Aussichtsplattform nicht verpassen. Sie werden mit einem Panoramablick über die Stadt und den nahe gelegenen Zierker See belohnt.

Mai – September, Mo. – Fr. 11 – 17.30 Uhr, Sa. 10 – 12 Uhr 30

Markt, 17235 Neustrelitz, Tel. 03981/20 15 16, www.kirche-neustrelitz.de

Der **Schlossgarten** muss zwar ohne Schloss auskommen, ist mit seinen prägenden Gebäuden aber dennoch ein lohnendes Ziel für einen ausgiebigen Spaziergang. Das Barockschloss wurde 1945 in den letzten Kriegstagen ein Raub der Flammen. Der Schlossgarten, 1731 von Julius Löwe als Barockanlage konzipiert, wurde im 19. Jahrhundert von dem einflussreichen preußischen Gartenbaumeister Peter Joseph Lenné umgestaltet. Am Ende der Hauptachse im unteren Teil des Parks steht der **Hebetempel** mit seinen acht Säulen, der der griechischen Göttin der Jugend geweiht ist. Auf einer kleinen Anhöhe liegt rechts der **Luisentempel**, der 1891 im Auftrag von Groß-

herzog Friedrich Wilhelm als Grabdenkmal für die preußische Königin Luise gebaut wurde. Die Monarchin entstammte dem Haus Mecklenburg-Strelitz.

Auf der anderen Seite der zentralen Achse führt ein Weg zur **Orangerie**, die Mitte des 19. Jahrhunderts nach Plänen Schinkels und Buttels ihre heutige klassizistische Gestalt erhielt. Zur Zeit wird der eingeschossige Bau bis 2020 für mehrere Millionen Euro aufwendig saniert.

Auf dem Schlosshügel erhebt sich die einschiffige **Backsteinkirche** im Stil der Neugotik, die zwischen 1855 und 1859 nach Plänen von Friedrich Wilhelm Buttel errichtet wurde. Auffallend sind die schlanken Türme und die vier von dem Neustrelitzer Bildhauer Albert Wolff geschaffenen Figuren der vier Evangelisten am Hauptportal.

Nach einer umfassenden Restaurierung bietet das Gotteshaus nun als »Plastikgalerie Schlosskirche« Raum für Kunstausstellungen.

Ein weiteres markantes Gebäude im Schlossgarten ist das **Landestheater Neustrelitz**, das Platz für 400 Zuschauer bietet.

Der **Stadthafen** am Zierker See unweit des Schlossgartens wurde Mitte des 19. Jahrhunderts angelegt. Von hier starten die Ausflugs-

INFORMATION
Tourist Info. Strelitzer Str. 1, 17235 Neustrelitz, Tel. 03981/25 31 19
www.neustrelitz.de

boote auf den knapp vier Quadratkilometer kleinen Neustrelitzer Haussee. Vom Hafen aus führt ein 13 Kilometer langer Rundwanderweg um das Gewässer, der am **Slawendorf** vorbeiführt, einem nachgebauten Erlebnisdorf, das traditionelle Handwerkskunst vorführt. Mai–September Mo.–Fr. 10–17 Uhr, Oktober 10–16 Uhr
Franzosensteg, 17235 Neustrelitz, Tel. 03981/23 75 45, www.slawendorf-neustrelitz.de

Am Hafen steht zudem die **Alte Kachelofenfabrik**, in der noch bis in die 60er-Jahre produziert wurde. Mittlerweile hat auch hier die Kultur mit Kinovorführungen, Konzerten und Ausstellungen Einzug gehalten. Sandberg 3a, 17235 Neustrelitz, Tel. 03981/20 31 45, www.basiskulturfabrik.de

Ein weiteres kleines Kulturzentrum befindet sich an der Schloßstraße im ehemaligen Kaiserlichen Postamt von 1901. Das **Kulturquartier Mecklenburg-Strelitz** samt modernem Erweiterungsbau vereint die erste umfassende Dauerausstellung zur Geschichte des Landes Mecklenburg-Strelitz, die Stadtbibliothek, das Karbe-Wagner-Archiv und ein Café unter einem Dach.

Täglich 10–18 Uhr, Schloßstrasse 12/13,
17235 Neustrelitz, Tel. 03981/239 09 99,
www.kulturquartier-neustrelitz.de

ESSEN UND TRINKEN

Fabrik.Kneipe. Stylishes Mobiliar meets Backsteingemäuer. Regionale Gerichte mit Pfiff. Di.–So. 17 Uhr bis open end,
Wochenende auch Mittagstisch,
Sandberg 3a, 17235 Neustrelitz,
Tel. 03981/23 70 96, www.basiskulturfabrik.de

Fürstenhof. Tradition trifft Moderne.
Di.–Fr. ab 17.30 Uhr, Sa./So. 12–14.30 Uhr und ab 17.30 Uhr
Markt 3, 17235 Neustrelitz, Tel. 03981/20 47 74, www.ideenreich-grafikmanufaktur.de

ÜBERNACHTEN

Hotel Schlossgarten. Garni-Hotel mit drei Sternen und 24 Zimmern in stilvollem Ambiente.
Tiergartenstr. 15, 17235 Neustrelitz, Tel. 03981/245 00, www.hotel-schlossgarten.de

Öko-Hotel Neustrelitz. Gehört mit Zimmern und Ferienwohnungen zur Alten Kachelofenfabrik. Sandberg 3a, 17235 Neustrelitz, Tel. 03981/20 31 45, www.basiskulturfabrik.de

AKTIVITÄTEN

Fahrradgeschäft mit Verleih: Pedal Point.
Strelitzer Chaussee 278, 17235 Neustrelitz, Tel. 03981/44 16 38, www.pedal-point.de

MIROW

Am Südzipfel des gleichnamigen Sees liegt Mirow. Fürst Heinrich Borwin II. schenkte das Land 1227 den Johannitern, die hier eine Ordensniederlassung gründeten. Am Ende des Dreißigjährigen Krieges wurde der ehemalige Ordenssitz zu einem Schloss ausgebaut, das als herzoglicher Witwensitz diente. Die Anlage fiel zunächst an das Haus Mecklenburg-Schwerin und ab 1701 dann an Mecklenburg-Strelitz.

Als das Gebäude 1742 abbrannte, erteilte Herzog Adolf Friedrich III. dem Hofbaumeister Christoph Julius Löwe, nach dessen Plänen auch Neustrelitz errichtet worden war, den Auftrag, ein neues Barockschloss zu bauen. Die kleine Ortschaft Mirow lag jedoch zunehmend im Schatten des aufstrebenden Neustrelitz.

1761 schließlich hatte Mirow endgültig das Nachsehen: Das Fürstenhaus siedelte nach Neustrelitz über, und Mirow versank in zunehmender Bedeutungslosigkeit. Nur gelegentlich erwachte der kleine Ort aus seinem Dornröschenschlaf, wenn in der Fürstengruft der Johanniterkirche mit allem Pomp eines der zahlreichen Mitglieder der fürstlichen Familie beigesetzt wurde.

Von der Altstadt betritt man die Insel über eine kleine Steinbrücke und erreicht das zweigeschossige weiße Torhaus von 1588, das als ältestes Gebäude der Stadt gilt.

Linker Hand steht die **Schlosskirche,** deren Ursprung als Gotteshaus des Johanniterordens auf das 14. Jahrhundert zurückgeht. Das Jahr 1742 meinte es nicht gut mit
der einschiffigen Saalkirche aus Backstein: Nach einem Blitzeinschlag wütete ein
Feuer und legte alles in Schutt und Asche. Zwei Jahre später wurde die Kirche von
Grund auf erneuert und wieder geweiht.

Das Ende des Zweiten Weltkriegs brachte erneut Feuer und Zerstörung in die Kirche.
Heute präsentiert sich das Gebäude von Grund auf saniert. Besucher sollten sich
den Aufstieg über 146 Stufen zur Aussichtsplattform auf knapp 30 Meter Höhe nicht
entgehen lassen: Von oben blickt man weit über Stadt, Land und See. Im Inneren des
Turms informiert eine Dauerausstellung über die Geschichte des Johanniterordens.
In der Kirche lohnt ein Blick in die **Fürstengruft.** Ab 1708 diente sie als letzte Ru-
hestätte der Herzöge von Mecklenburg-Strelitz sowie ihrer Ehefrauen und weiterer
naher Verwandter. In vier Grufträumen reihen sich 22 Särge aneinander.

Schlossinsel 2, 17252 Mirow, Tel. 03 98 33/263 57, www.johanniterkirche-mirow.de

Auf der gegenüberliegenden Seite des Weges liegt das ockerfarbene **Schloss** in
schlichter Eleganz. Millionen flossen in die Renovierung, und seit 2014 kann die
Öffentlichkeit das Ergebnis bestaunen. 1709 wurde die Residenz als Witwensitz
für Herzogin Christiane von Mecklenburg-Strelitz errichtet. Vor allem der barocke

HINTERGRUND
Drei Königinnen

Das kleine Herzogtum Mecklenburg-Strelitz machte weniger durch
militärische Großtaten als durch
kluge Heiratspolitik auf sich auf-
merksam. Sophie Charlotte wurde
als Ehefrau von Georg III. Königin
von Großbritannien, ihre Nichte
Luise heiratete 1793 als 17-Jähri-
ge den preußischen Kronprinzen
Friedrich Wilhelm III. 1797 bestieg
ihr Ehemann den Thron, und sie
wurde mit 21 Jahren Königin von Preußen. Ihre jüngere Schwester Friederike, die auf ein
turbulentes Privatleben und mehrere Ehen zurückblickte, wurde schließlich 1837 als Ehefrau
von König Ernst August I. Königin von Hannover.

Festsaal des italienischen Baumeisters Giovanni Battista Clerici ist in seiner ganzen Pracht erhalten und zieht die Besuchermassen an.

Schlossmuseum, Mai–August täglich 10 – 18 Uhr, sonst Di.–So. 10 – 17 Uhr
Schlossinsel, 17252 Mirow, Tel. 03 98 33/26 99 55

Dem Schloss gegenüber steht das **Kavaliershaus**. Hier wohnte ursprünglich der Hofstaat. Das Gebäude ist heute unter dem Namen Drei-Königinnen-Palais bekannt. Dieser verweist auf die drei berühmten Frauen aus dem Haus Mecklenburg-Strelitz, denen heute eine interaktive Ausstellung im Kultur- und Informationszentrum gewidmet ist und die es alle drei zu königlichen Ehren brachten: Luise in Preußen, ihre Schwester Friederike in Hannover und ihre Tante Sophie Charlotte gar auf den englischen Thron.

April–Oktober täglich 10 – 18 Uhr, November–März Fr–Mo 10 – 16 Uhr
Schlossinsel 5, 17252 Mirow, Tel. 03 98 33/26 99 50, www.3koeniginnen.de

Der **Schlossgarten**, der das Gebäude-Ensemble umschließt, wurde zwischen 1820 und 1840 im Stil eines englischen Landschaftsgartens angelegt. Von dort gelangt der Besucher über eine kleine Brücke zur **Liebesinsel**. Hier fand Großherzog Adolf Friedrich VI. seine letzte Ruhe, der als einziges Familienmitglied nicht in der Fürstengruft der Johanniterkirche begraben ist. Mit nur 35 Jahren beging er 1918 unter bis heute nicht geklärten Umständen Selbstmord. Vermutlich aus Liebeskummer. Der Herzog hatte sich in eine englische Adelige verliebt, die seine Gefühle offenbar nicht erwiderte. Das Grab mit der Inschrift »Gott ist die Liebe« zeigt eine abgebrochene Säule, um die sich eine Schlange windet, das Symbol der Verführung.

Neben der Residenz auf der Schlossinsel gibt es ein weiteres Schloss in Mirow: Mit dem Bau des **Unteren Schlosses** südlich der Insel wurde 1735 begonnen. Hier lebte der nicht regierende Herzog Carl, und in diesem Haus erblickte die spätere englische Königin Sophie Charlotte das Licht der Welt. Das Gebäude steht seit Jahren leer. Aktuell gibt es Pläne für den Bau eines Luxushotels.

ESSEN UND TRINKEN

Alte Schlossbrauerei. Mecklenburgische Küche im Gewölbekeller auf der Schlossinsel. Täglich außer Mo. ab 12 Uhr. Schloßinsel 3a, 17252 Mirow, Tel. 03 98 33/203 46, www.alte-schlossbrauerei.de

Blaue Maus. Uriges Lokal im Fachwerkstil mit Innenhof. Täglich außer Mo. ab 17 Uhr, Schloßstrasse 11, 17252 Mirow, Tel. 03 98 33/217 34, www.gasthof-blaue-maus.de

Palais-Café. Nettes kleines Café im Drei-Königinnen-Palais. April – Oktober täglich 10 – 18 Uhr, November – März Fr. – Mo. 10 – 16 Uhr, Schloßinsel 2a, 17252 Mirow, Tel. 03 98 33/26 99 55, www.3koeniginnen.de

ÜBERNACHTEN

Alte Schlossbrauerei. Direkt am See mit eigenem Bootssteg. 16 Zimmer. Schloßinsel 3, 17252 Mirow, Tel. 03 98 33/203 46, www.alte-schlossbrauerei.de

Strandhotel Mirow. 27 Zimmer, fünf Ferienwohnungen und zwei Ferienhäuser.
Strandstraße 20, 17252 Mirow, Tel. 03 98 33/220 19, www.strandhotel-mirow.de

AKTIVITÄTEN

Schiffstouren. Die Blau-Weiße-Flotte geht auf Vier-Seen-Fahrt zur Diemitzer Schleuse
(Mai – September täglich 12 – 14 Uhr) und auf Fünf-Seen-Fahrt ins Seerosenparadies (Juli/
August, täglich 10 – 12 Uhr und 16 – 18 Uhr)
Schiffsanleger am Stadthafen in der Rotdornstr., 17252 Mirow, Tel. 03 98 33/222 70,
www.blau-weisse-flotte.de

Kanustation Mirow. Kanu- und Kajakverleih. Gehört zum Campingplatz.
An der Clön 1, 17252 Mirow, Tel. 039833/220 98, www.kanustation.de

Fahrradverleih. Zweirad-Flitzer, 365 Tage im Jahr plus 24-Stunden-Werkstattservice.
Rudolf-Breitscheid-Str. 12, 17252 Mirow, Tel. 03 98 33/205 19, www.zweirad-flitzer.de

INFORMATION

Tourist Information. Schloßinsel 2a, 17252 Mirow, Tel. 03 98 33/275 67, www.klein-seenplatte.de

RHEINSBERG

Streng genommen hat Rheinsberg in einem Reiseführer über die Mecklenburgische Seenplatte nichts verloren. Der Grund ist ganz einfach: Die 8.000-Einwohner-Stadt liegt in Brandenburg. Geografisch gehört sie jedoch zum südwestlichen Teil des Kleinseenlandes und erhält somit ihre Daseinsberechtigung in diesem Reiseführer.

Wer Rheinsberg besucht, steuert zunächst meist das berühmte **Schloss** an, das zwischen Grienericksee und Park herrlich gelegen und von einem Wassergraben umschlossen ist. Hier verlebte Friedrich der Große als Kronprinz von 1736 bis 1740 glückliche und unbeschwerte Jahre. Der

schöngeistige Kronprinz, der sich für Musik, französische Literatur und Philosophie interessierte, empfing zahlreiche Maler, Komponisten, Schriftsteller und Architekten zum Gedankenaustausch in seiner Residenz.

Doch Friedrich engagierte sich auch für den Aufbau der kleinen Stadt. Die Residenz wurde ausgebaut, der Park angelegt, die Häuser erhielten ein Facelifting, ebenso die Straßen und der Marktplatz.

Die schöne Zeit in Rheinsberg, sie endete 1740 mit der Thronbesteigung. Das Schloss blieb weiterhin in Familienhand, denn sein jüngerer Bruder Heinrich zog 1752 ein und wohnte dort bis zu seinem Tod 1802. Der nicht minder kunstsinnige Heinrich machte sich mit Eifer daran, in die Fußstapfen seines Bruders zu treten und Schloss und Park weiter auszubauen.

Schloss und Schlossgarten. Schloss Rheinsberg 2, 16831 Rheinsberg, Tel. 03 39 31/72 60

Rheinsberg hat sich bis heute viel von dieser künstlerischen Tradition bewahrt. Davon zeugen etwa die Rheinsberger Musiktage, die Kammeroper mit ihrem Internationalen Opernfestival und die Musikakademie.

Dort, wo heute das Schloss steht, befand sich im Mittelalter eine Wasserburg, die später zu einem kleinen Renaissanceschloss erweitert wurde. Nachdem die preußische Herrscherfamilie das Anwesen erworben hatte, begannen die umfangreichen Umbauten, die sich über Jahre hinzogen. So fügte man ein Obergeschoss hinzu. Die Innenräume der dreiflügeligen Anlage mit den beiden markanten Türmen wurden im Rokokostil gestaltet.

Zentraler Raum im Schloss ist der Spiegelsaal im ersten Stock mit dem prächtigen Deckengemälde des Hofmalers Antoine Pesne. Er bietet bisweilen den stimmungsvollen Rahmen für klassische Konzerte. Besucher können weitere Räumlichkeiten wie den Rittersaal und das Turmkabinett besichtigen. Vom Dach des Schlosses grüßen vier steinerne Allegorien. Sie stehen für die Musik, die Malerei, die Rhetorik und die Bildhauerkunst.

Nach dem Zweiten Weltkrieg ging es weniger hochherrschaftlich, dafür sehr profan zu: Ein Kinder- und Lehrlingsheim und später ein Sanatorium zogen ein, bis nach der Wiedervereinigung die Stiftung Preußische Schlösser und Gärten das Gebäude-Ensemble unter ihre Fittiche nahm und aufwendig restaurierte.

Im Erdgeschoss des Nordflügels befindet sich das kleine **Tucholsky-Literaturmuseum**. Der Autor setzte der kleinen Residenzstadt 1912 ein literarisches Denkmal mit der launigen Erzählung »Rheinsberg. Ein Bilderbuch für Verliebte«. Darin verarbeitete der Satiriker ein Wochenende, das er im Jahr zuvor mit seiner Freundin (und späteren Frau) Else Weil in Rheinsberg verbracht hatte. Die Sammlung zeigt persönliche Dokumente des Schriftstellers, Erstausgaben, Briefe, Fotos und auch die Totenmaske des Dichters, der 1935 im schwedischen Exil Selbstmord beging.

Schloss Rheinsberg, Di. – So. 10 – 16.30 Uhr, Tel. 03 39 31/390 07, www.tucholsky-museum.de

Das Flüsschen Rhin trennt das Schloss von seinem **barocken Garten**, der am Südufer des Griericksees liegt. Spaziergänger können heute durch Alleen und Laubengänge laufen und weiter zum Heckentheater und zur Grotte bis hin zum Obelisk auf der gegenüberliegenden Wasserseite.

Auf der anderen Seite des Wassergrabens stehen das **Kavalierhaus** und das benachbarte **Schlosstheater**, Sitz der Musikakademie.

Schlossanlage, 16831 Rheinsberg, Tel. 03 39 31/721 11

Im Stadtzentrum befindet sich das 2002 eröffnete **Keramikmuseum** im ehemaligen Spritzenhaus. Hier zeichnen rund 600 Exponate die 250-jährige Entwicklung der Manufaktur nach.

Täglich 10 – 18 Uhr von März bis Oktober, sonst 12 – 17 Uhr

Kirchplatz 1, 16831 Rheinsberg, Tel. 03 39 31/376 31, www.museum-rheinsberg.de

ESSEN UND TRINKEN

Seehof. Hotel und Restaurant mit heimischer und mediterraner Küche.

Seestraße 18, 16831 Rheinsberg, Tel. 03 39 31/40 30, www.seehof-rheinsberg.de

Zum Alten Brauhaus. Rustikale Küche und eigenes »Kronprinzen Pils«.

Rhinhöher Weg, 116831 Rheinsberg, Tel. 03 39 31/72 0 88, www.brauerei-rheinsberg.de

ÜBERNACHTEN

Maritim Hafenhotel Rheinsberg. Vier-Sterne-Haus direkt am Wasser mit eigenem Yachthafen.
Hafendorfstr. 1, 16831 Rheinsberg, Tel. 03 39 31/80 00, www.maritim.de

Hotel am See. Barrierefreies Haus in ruhiger Lage in unmittelbarer Nachbarschaft zum Schloss.
Donnersmarckweg 1, 16831 Rheinsberg, Tel. 03 39 31/34 40, www.hausrheinsberg.de

AKTIVITÄTEN

Bootsausflüge. Reederei Halbeck.
Am Markt 11, 16831 Rheinsberg, Tel. 03 39 31/386 19, www.busse-schiffe.de

Segway. Begleitete und freie Touren plus Einweisung.
Luhmer Str. 22, 16831 Ortsteil Rheinsberg-Zechlinerhütte, Tel. 03 39 31/703 64, www.tour-rheinsberg.de

INFORMATION

Tourist Information
Mühlenstr. 15, 16831 Rheinsberg,
Tel. 03 39 31/349 40, www.rheinsberg.de

FELDBERG UND DIE FELDBERGER SEENLANDSCHAFT

Lauschige Seen, die durch Kanäle miteinander verbunden sind, der älteste Buchenwald Deutschlands und hübsche Dörfer mit alten Feldsteinkirchen prägen das Gebiet um die kleine Stadt Feldberg, die seit 2015 Kneipp-Kurort ist und malerisch am westlichen Ufer des Haussees liegt. Zwischen Krüselinsee, Carwitzer See und Breiter Luzin können Wanderer und Paddler auf Entdeckungstour gehen.

Feldberg ist der Hauptort der Großgemeinde Feldberger Seenlandschaft. Weithin sichtbares Wahrzeichen ist die hochaufragende Stadtkirche, die 1875 eingeweiht wurde, nachdem fünf Jahre zuvor die alte

Fachwerkkirche abgebrannt war. Der Turm des Backsteinbaus mit querschiffartigen Erweiterungen misst stolze 53 Meter. Das Innere der Kirche ist eher schlicht gehalten. Den Altar ziert ein Gemälde von Georg Kannengießer aus Neustrelitz, die Orgel stammt aus der Stettiner Werkstatt von Barnim Grüneberg.

Im Sommer ganztägig geöffnet, Kirchenschlüssel im Pfarrbüro Prenzlauer Str. 18, Tel. 03 98 31/204 05

Ein Abstecher in den Ortsteil Lüttenhagen führt ins kleine Walderlebniszentrum **Lütt Holthus**, wo das Thema Wald anschaulich präsentiert wird – vom begehbaren Fuchsbau bis zu Tierpräparaten, einer Duftorgel und einer Geräuschebox. Den beiden vorherrschenden Baumarten der Region, Buche und Kiefer, sind eigene Abteilungen gewidmet. Im Außenbereich finden sich so unterschiedliche Objekte wie ein alter Waldarbeiterwagen und eine Harzerhütte. Für viele Besucher ist das Storchenpaar in seinem Nest jedoch der Star auf dem Forsthof. Es kann über eine Kamera bei der Brut und Aufzucht der Jungtiere beobachtet werden.

Täglich außer Mo., Mai – September 10 – 16 Uhr, Oktober/April 13 – 16 Uhr am Wochenende
Ortsteil Lüttenhagen, Forsthof 2, 17258 Feldberger Seenlandschaft, Tel. 03 98 31/591 25

Unweit vom Waldmuseum liegen die **Heiligen Hallen**. Was wie ein Musentempel klingt, ist in Wahrheit ein Naturschutzgebiet, das auf eigene Faust nicht betreten werden darf. Die Gefahr herabstürzender Äste ist groß, sind doch viele der Bäume im wohl ältesten Buchenwald Deutschlands morsch.

Einige der Bäume sind mehr als 300 Jahre alt und bis zu 50 Meter hoch gewachsen. Geführte kostenpflichtige Touren gehen über einen fünf Kilometer langen Lehrpfad und können beim zuständigen Forstamt Lüttenhagen gebucht werden. Der Name »Heilige Hallen« rührt von den großen Baumstämme, die an Säulenhallen mittelalterlicher Kirchen erinnern.

ESSEN UND TRINKEN

Alte Schule. In Fürstenhagen (wenige Kilometer östlich von Feldberg) lockt österreichisch-mecklenburgische Küche auf Sterneniveau im Restaurant mit dem passenden Namen: Klassenzimmer.
Zur Alten Schule 5, 17258 Feldberger Seenlandschaft, Tel. 03 98 31/220 23, www.hotelalteschule.de

Altes Zollhaus. Restaurant, Café (und auch Hotel). Schöne Lage am Breiten Luzin mit Seeterrasse.
Am Erddamm 31, 17258 Feldberger Seenlandschaft, Tel. 03 98 31/500, www.romantik-am-see.de

ÜBERNACHTEN

Hotel Alte Schule. Acht Zimmer im Landhausstil und zehn Ferienwohnungen.
Zur Alten Schule 5, 17258 Feldberger Seenlandschaft Ortsteil Fürstenhagen, Tel. 03 98 31/220 23,
www.hotelalteschule.de

Altes Zollhaus. Das Drei-Sterne-Haus bietet angenehmen Komfort.
Am Erddamm 31, 17258 Feldberger Seenlandschaft, Tel. 03 98 31/500, www.romantik-am-see.de

AKTIVITÄTEN

Boots-Berg. Direkt im Zentrum am Feldberger Haussee gelegen. Vom Fahrrad bis
zum Kanu und Elektroboot reicht das Angebot.
Strelitzer Str. 36, 17258 Feldberger Seenlandschaft, Tel. 03 98 31/205 54, www.boots-berg.de

INFORMATION

Kurverwaltung Feldberger Seenlandschaft. Strelitzer Str. 42, 17258 Feldberger Seenlandschaft,
Tel. 03 98 31/27 00, www.feldberger-seenlandschaft.de

AUTORENTIPP:
3000 Grad Festival

Einmal im Jahr wird's richtig laut
am Rand des Naturschutzgebiets.
Dann treffen sich die Freunde der
Electro-Dance-Szene an einem Wochenende im August zur Dance-Party
und zur Livemusik. Tanz, Theater
und Varieté-Einlagen gehören auch
zum Programm. Aus bescheidenen
Anfängen im Jahr 2012 ist längst
ein überregional bekanntes Festival
geworden, zu dem inzwischen an
die 5.000 Raver pilgern. Das Event
findet in der Kiesgrube am Ortsrand
von Feldberg statt.
Infos unter www.3000grad.de

NEUBRANDENBURG UND TOLLENSESEE

NEUBRANDENBURG

Zunächst einmal dürfte es die meisten Besucher überraschen, dass Neubrandenburg mit seinen 65.000 Einwohnern nach Rostock und Schwerin die drittgrößte Stadt in Mecklenburg-Vorpommern ist und somit Greifswald, Wismar und Stralsund hinter sich lässt.

Neubrandenburg hat weitere Überraschungen parat: Während die »neue« Stadt eher trostlos daherkommt mit langweiliger Plattenbau-Architektur und lauten Umgehungsstraßen, taucht man innerhalb der kleinen – kaum einen Quadratkilometer großen, fast kreisrunden – Altstadt in eine andere Welt ein: Die Straßen sind rechtwinklig zueinander angelegt, sodass die Orientierung leicht fällt.

Die historische Altstadt umgibt eine ca. 2,5 Kilometer lange Stadtmauer, die an manchen Stellen bis zu sieben Meter hoch ist. Sie wurde um das Jahr 1300 aus massiven Feldsteinen gebaut. Vier Stadttore sowie die

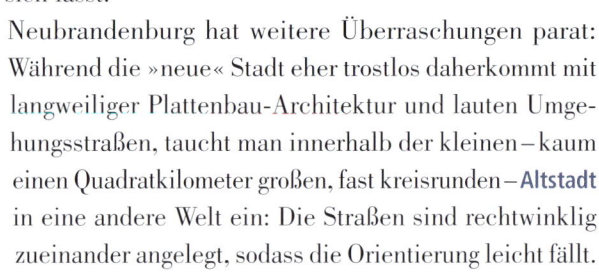

sogenannten **Wiekhäuser** aus Fachwerk sind ins Mauerwerk integriert und machen das Ganze zu einem ansehnlichen Ensemble. Die hübschen Häuser stehen in geringen Abständen zueinander und dienten im Mittelalter als Wehrbauten, um angreifende Feinde wirksam bekämpfen zu können. So waren an den meist drei- oder vierstöckigen Gebäuden, die über die Stadtmauer hinausragten, außen Schießscharten angebracht. Rund zwei Dutzend der kleinen Häuser von ehemals 56 sind erhalten. Heute reicht die Nutzung vom Kunsthandwerk bis zur Gastronomie.

Neubrandenburg wurde 1248 von Johann I. von Brandenburg gegründet und gehörte in der Folgezeit zum Teilherzogtum Mecklenburg-Stargard. Im 17. und 18. Jahrhundert wurde die Stadt durch den Dreißigjährigen Krieg und mehrere Brände stark zerstört. Von 1701 an war Neubrandenburg Teil des neu gebildeten Teilherzogtums Mecklenburg-Strelitz, das bis 1918 existierte.

Bis ins 19. Jahrhundert blieb der Mauerring intakt. Doch das Wachstum der Stadt verlangte, dass er an manchen Stellen durchbrochen werden musste. Um die Stadtmauer legt sich die **Wallanlage**, die aus zwei Wällen und drei Gräben besteht, die früher mit Wasser aus mehreren Bächen und dem Tollensesee geflutet wurden. Ursprünglich war der heute blickdichte Grüngürtel nicht bewachsen, um freie Sicht und freies Schussfeld auf herannahende Feinde zu haben. Als später die Verteidigungsfunktion der Wehranlage bedeutungslos geworden war, pflanzte man zahlreiche Bäume und Sträucher.

Große Teile der historischen Altstadt waren am Ende des Zweiten Weltkriegs zerstört und ausgebrannt. Heute sind nur noch kleine »Inseln« historischer Bausubstanz erhalten. Die Lücken wurden zu DDR-Zeiten mit neuen Häusern wieder aufgefüllt.

Neben den Wiekhäusern sind die vier gotischen Stadttore Wahrzeichen der Altstadt. Nicht von ungefähr schmückt Neubrandenburg sich mit dem Beinamen »Stadt der Vier Tore«. Im Nordosten steht das Friedländer Tor, im Osten das Neue Tor, im Süden das Stargarder Tor und im Westen das Treptower Tor.

Als besterhaltenes gilt das **Friedländer Tor** aus der ersten Hälfte des 14. Jahrhunderts. Besonders ins Auge fällt der acht Meter

hohe Zingel, der mit dem Vortor verbunden war und das Haupttor vor feindlichem Beschuss schützte.

Das **Neue Tor** wurde Ende des 15. Jahrhunderts gebaut und ist somit das jüngste der vier Zugänge. Nur noch das Haupttor existiert, der Zingel wurde im Dreißigjährigen Krieg zerstört, das Vortor wegen Baufälligkeit Mitte des 19. Jahrhunderts abgerissen. Auffallend sind die acht lebensgroßen Terrakottafiguren auf der Stadtseite, die ihre steinernen Arme wie zur Segnung ausgebreitet haben. Die genaue Bedeutung der Figuren liegt bis heute im Dunkeln.

Das **Stargarder Tor** auf der Südseite der Altstadt ist das zweitälteste der Stadttore und stammt aus der Mitte des 14. Jahrhunderts. Das Haupttor besteht aus drei Stockwerken und hat eine Höhe von 24 Meter, während das Vortor 18 Meter misst. Beide Tore sind durch Mauern verbunden, in die ein kleines Zollhaus integriert ist. Von den beiden Mühlen, die vor das Tor gebaut worden waren, existiert noch eine, in der sich heute ein Restaurant befindet. In den Giebelnischen stehen wie beim Neuen Tor lebensgroße Terrakottafiguren, diesmal jedoch neun an der Zahl. Auch ihre Bedeutung ist nicht geklärt.

Das **Treptower Tor**, datiert um das Jahr 1400, ist mit seinen vier Staffelgiebeln und einer Höhe von 32 Meter das repräsentativste der Stadttore. Zur Anlage gehören ein

Vortor aus dem 15. und ein Wiekhaus aus dem 18. Jahrhundert. Seit 1872/73 beherbergt das Haupttor das **Regionalmuseum Neubrandenburg** mit einer Ausstellung zur Ur- und Frühgeschichte der Region auf fünf Stockwerken.

Mi./Fr. 10 – 17 Uhr, Do. 10 – 19 Uhr, Sa./So. 11 – 17 Uhr, Preise: 5 Euro, Familienkarte 10 Euro

Treptower Str. 38, 17033 Neubrandenburg, Tel. 0395/555 12 70, www.museum-neubrandenburg.de

In der Nähe des Stargarder Tores – in der Stargarder Straße 35 – lebte Fritz Reuter ab 1859 für mehrere Jahre mit seiner Frau. Neubrandenburg spielte eine große Rolle im Leben des Schriftstellers, schuf er doch hier einige seiner wichtigsten Werke, etwa »Ut mine Festungstid«. Weitere sichtbare Zeichen seines Wirkens werden durch den Sitz der **Fritz-Reuter-Gesellschaft** im Neuen Tor und durch das **Fritz-Reuter-Denkmal** in den Wallanlagen in der Nähe des Bahnhofs dokumentiert. Gegenüber dem Denkmal verweist der **»Mudder-Schulten-Brunnen«** auf Fritz Reuters Satire »Dörchläuchting«, in der die Hauptfigur eine resolute Bäckersfrau ist, die sich furchtlos mit den Autoritäten anlegt.

Unweit des Brunnens erhebt sich in der Darrenstraße der **Fangelturm** aus dem 15. Jahrhundert, den man wegen des benachbarten Klosters (s. u.) auch Mönchenturm nannte und der als Gefängnis genutzt wurde. Er ist einer von ehemals zwei

Wehrtürmen, die anstelle von Wiekhäusern gebaut wurden, um die Stadt gegen Feinde zu schützen. Das Gebäude erreicht in der Höhe 25 Meter und hat eine Mauerstärke von bis zu 2,30 Meter. Der dreigeschossige Backsteinturm mit seinem auffälligen Helm ist für Besucher zugänglich.

Nur einen Steinwurf vom Fritz-Reuter-Denkmal steht das älteste Gebäude-Ensemble der Stadt: Das **Franziskanerkloster** und die Kirche **St. Johannis**. Von 1260 bis zur Reformationszeit wirkten die Mönche des Ordens hier. Heute sind von der Anlage nur noch der Nordflügel mit dem Refektorium, dem Kreuzgang sowie die Kirche erhalten, die seit 1535 als evangelisches Gotteshaus genutzt wird. Die zweischiffige Hallenkirche im Stil der Backsteingotik schmückt ein barocker Choraltar mit Motiven von Abendmahl, Kreuzigung und Auferstehung. Im Seitenschiff befindet sich ein gotischer Schnitzaltar, der um das Jahr 1500 angefertigt wurde und ursprünglich in der Kapelle St. Georg am Treptower Tor stand.

Stargarder Str. 4, 17033 Neubrandenburg

In einem modernen Neubau auf dem ehemaligen Klostergelände sind heute Teile des Regionalmuseums untergebracht.

In der Pfaffenstraße unweit des Stargarder Tors steht das **Schauspielhaus**, Mecklenburgs ältestes erhaltenes Theatergebäude von 1794. Der Fachwerkbau ist heute mit modernster Bühnentechnik ausgestattet und bietet im Theatersaal 180 Plätze. Der abwechslungsreiche Spielplan reicht von Komödien über klassisches Schauspiel bis zu modernen Stücken.
Pfaffenstr. 22, 17033 Neubrandenburg, Tel. 0395/569 98 32, www.theater-und-orchester.de

Gleich nebenan erhebt sich unübersehbar die **Konzertkirche**, die 1298 als Marienkirche erbaut wurde. Die gotische Hallenkirche aus Backstein wurde als eines der weithin sichtbaren Wahrzeichen der Stadt im Laufe der Jahrhunderte

immer wieder stark beschädigt, etwa im Dreißigjährigen Krieg, durch Stadtbrände, Blitzschlag und im Zweiten Weltkrieg. In den 70er-Jahren übernahm die Stadt die Liegenschaft und baute die Ruine zu einem Konzertsaal und einer Kunstgalerie um. Nach der Wiedervereinigung erhielt der bekannte finnische Architekt Pekka Salminen den Zuschlag für den Wiederaufbau des Gotteshauses als Konzertsaal. 2001 schließlich wurde die neue Spielstätte feierlich eröffnet. Der Saal bietet Platz für 850 Zuschauer und ist für seine ausgezeichnete Akustik bekannt. Die Konzertkirche Neubrandenburg ist Heimat der Neubrandenburger Philharmonie. Besucher können den 90-Meter-Turm besteigen und genießen vom höchsten Aussichtspunkt der Stadt einen Panoramablick auf Stadt und Tollensesee.

An der Marienkirche, 17033 Neubrandenburg,
Tel. 0395/559 51 27, www.konzertkirche-nb.de

Wenige Schritte sind es nur bis zum nächsten Kultur-High-light: In der Großen Wollweberstraße sitzt die **Kunstsammlung Neubrandenburg,** eines von vier Kunstmuseen in Mecklenburg-Vorpommern. In dem Fachwerkgebäude aus dem 18. Jahrhundert nebst modernem Anbau werden auf 400 Quadratmeter Ausstellungsfläche moderne Malerei, Grafik und Plastik in Bestands- und Sonderausstellungen gezeigt.

Mi./Fr. 10 – 17 Uhr, Do. 10 – 19 Uhr, Sa./So. 11 – 17 Uhr, Preise: Erwachsene 4 Euro, Familien 6 Euro
Große Wollweberstr. 24, 17033 Neubrandenburg, Tel. 0395/555 12 90, www.kunstsammlung-
neubrandenburg.de

ESSEN & TRINKEN

Zur Lohmühle. Uriges Fachwerk-Gasthaus in der historischen Mühle mit traditioneller
Küche bei moderaten Preisen. Mo. – Sa. 11.30 – 22 Uhr, So. nur Mittagstisch
Stargarder Tor 4, 17033 Neubrandenburg, Tel. 0395/544 28 43, www.lohmuehle-gasthaus.de

Kontraste. Schick-gestyltes Restaurant im ehemaligen Güterbahnhof serviert eine
breite Palette von Pizza bis Sushi. Mo. – Fr. ab 17 Uhr (Küche schließt um 22 Uhr),
Sa. 9 – 13 Uhr und ab 17 Uhr, So.10 – 14 Uhr und ab 17 Uhr
Am Güterbahnhof 5, 17033 Neubrandenburg, Tel. 0395/351 12 28, www.kontraste-nb.de

Café Zollhaus. Leckerer Kuchen, gute Suppen und andere Kleinigkeiten.
Täglich 10 – 18 Uhr, Treptower Str. 39, 17033 Neubrandenburg, Tel. 0395/55 79 19 99

Restaurant Wiekhaus 45. Nettes Ambiente mit Mecklenburger Küche, z. B. Rippenbraten oder hausgemachtes Sauerfleisch. Täglich 11 – 23 Uhr
4. Ringstr. 44, 17033 Neubrandenburg, Tel. 0395/566 77 62, www.wiekhaus45.de

ÜBERNACHTEN

Parkhotel Neubrandenburg. Mittelklassehaus in ruhiger Lage im Kulturpark nahe der
Altstadt. EZ ab 59 Euro, DZ ab 85 Euro
Windbergsweg 4, 17033 Neubrandenburg, Tel. 0395/559 00, www.parkhotel-nb.de,

Sankt Georg. Familiengeführtes Haus neben der Sankt-Georgs-Kapelle mit Restaurant
und Biergarten. EZ ab 50, DZ ab 65 Euro, Apartment ab 75 Euro
Sankt Georg 6, 17033 Neubrandenburg, Tel. 0395/544 37 88, www.hotel-sankt-georg.de

INFORMATION

Touristinfo. Mo. – Fr. 10 – 19 Uhr, Sa. 10 – 16 Uhr, Marktplatz 1, 17033 Neubrandenburg,
Tel. 0395/559 51 27, www.neubrandenburg-touristinfo.de

RUND UM DEN TOLLENSESEE

Der schmale und gestreckte See, an dessen Nordufer Neubrandenburg liegt, ist gut zehn Kilometer lang und etwa 2,5 Kilometer breit. Er gehört zum Stadtgebiet von Neubrandenburg und ist bis zu 31 Meter tief. Der Name leitet sich vom slawischen »dolenzia« ab, was soviel wie »Talniederung« bedeutet. Das Gewässer und die angrenzenden Wälder gehören zum mehr als 10.000 Hektar großen Landschaftsschutzgebiet Tollensebecken.

Die eiszeitlich geprägte Landschaft mit den sanften Hügeln und den ausgedehnten Waldgebieten ist bei Wanderern und Radfahrern sehr beliebt. Ein 35 Kilometer langer **Rundweg** führt um den See. Bevor man am Augustabad seine Radtour startet, sollte man den Besuch des **Belvedere** im Stadtteil Broda nicht missen. Wie der Name schon sagt: Belvedere heißt »schöne Aussicht« – und genau die genießt man vom Hügel im Brodaer Holz auf den Tollensesee. Den kleinen weißen dorischen Tempel ließ 1823 Großherzogin Marie als Teehaus errichten. Heute wird der Tempel für Kulturveranstaltungen genutzt.

Vom Augustabad geht die Fahrradtour am Ostufer entlang zum Nemerower Holz, einem knapp 700 Hektar großen artenreichen Waldgebiet. Vom Aussichtsturm **Behmshöhe**, der 1905 gebaut wurde und 34 Meter hoch ist, geht der weite Blick über Landschaft und See. Von Ostern bis November täglich 9–18 Uhr, Schlüssel im Rathaus erhältlich, Tel. 0395/555 11 00

Hinter dem Dorf **Klein Nemerow** lohnt ein Abstecher zum Naturschutzgebiet **Nonnenhof**, das ein wichtiger Rückzugsraum für Vögel ist. Weiter geht es Richtung **Lieps**, einem kleinen See, der südlich an den Tollensee anschließt. In **Prillwitz** sollte man einen kurzen Stopp am Jagdschloss einlegen, das am Ufer der Lieps steht und das Großherzog Friedrich Wilhelm von Mecklenburg-Strelitz für seinen Sohn Adolf Friedrich V. 1887 erbauen ließ. Nach der Wende wurde das Gebäude mit dem sehenswerten Park mehrfach saniert und zu einem gediegenen Hotel umgebaut.

Wenige Kilometer südwestlich steht ein weiteres hochherrschaftliches Gebäude: Das **Schloss Hohenzieritz** war der Sommersitz von Großherzog Karl II. Hier starb 1810 seine Tochter Luise, Königin von Preußen. Heute erinnert die Königin-Luise-Gedenkstätte

an die Königin von Preußen und an ihre letzten Tage vor ihrem Tod auf dem Schloss. In dem Gebäude hat auch die Verwaltung des Müritz-Nationalparks ihren Sitz.

Am Westufer geht die Fahrradtour weiter zum schmucken Fachwerkdorf nach **Alt Rehse** und wieder zurück nach Neubrandenburg.

ESSEN UND TRINKEN

Groß Nemerow: **Restaurant Lisette.** Regionale Küche in Bioqualität (im Hotel Bornmühle, s. u.)

ÜBERNACHTEN

Klein Nemerow: **Seehotel Heidehof.** Von Wald umgeben mit direkter Lage am See. Familiengeführtes Drei-Sterne-Haus mit 43 Zimmern. DZ ab 79 Euro, EZ ab 63 Euro Seestr. 11, 17094 Klein Nemerow, Tel. 03 96 05/26 00, www.seehotel-heidehof.m-vp.de

Groß Nemerow:
Hotel Bornmühle. Gediegene Vier-Sterne-Qualität in der Nähe des Tollensesees, Restaurant und 1.000 Quadratmeter Wellness-Landschaft. DZ ab 63 Euro, EZ ab 89 Euro Bornmühle 35, 17094 Groß-Nemerow, Tel. 03 96 05/600, www.hotel-bornmuehle.m-vp.de

AKTIVITÄTEN

Golfclub Mecklenburg-Strelitz. 9-Loch-Anlage in der Nähe von Groß Nemerow.
Tages-Greenfee 35 Euro, Bornmühle 1a, 17094 Groß Nemerow, Tel. 03 96 05/273 76, www.gc-mst.de

Naturstrandbad Broda. Etwas außerhalb von Neubrandenburg am nördlichen Ende des Tollensesees gelegen. Schöner Strand und Liegewiesen.
Seestr. 25, 17033 Neubrandenburg, www.neubrandenburg.m-vp.de/strandbad-broda

Schiffsrundfahrten Mudder Schulten.
Touren in der Regel um 10, 13 und 15 Uhr, ab 14 Euro, Kinder 7 Euro
Friedländer Str. 7, 17033 Neubrandenburg, Tel. 0395/584 12 18, www.fahrgastschiff-mudderschulten.de

Fahrradverleih Yachthafen Neubrandenburg. Räder aller Art inklusive E-Bikes werden rund um den Tollensesee ausgeliefert. Auch Boote sind im Angebot.
Augustastr. 7, 17033 Neubrandenburg, Tel. 0171/401 34 88, www.yachthafen-nb.de

MECKLENBURGISCHE SCHWEIZ

REUTERSTADT STAVENHAGEN

An Fritz Reuter kommt niemand vorbei: Ob Museum, Geburtshaus, Denkmal, Straße oder Schule – der berühmteste Sohn der Stadt verfolgt einen auf Schritt und Tritt und ist gar seit 1949 offizieller Bestandteil des Stadtnamens.

Der bedeutende Dichter niederdeutscher Sprache wurde 1810 im ehemaligen Rathaus geboren, wo sein Vater als Bürgermeister beinahe 40 Jahre die Geschicke der Stadt verantwortete.

In eben diesem Gebäude am Markt hat seit 1949 das **Fritz Reuter Literaturmuseum** seinen Platz gefunden. Neben einer Fachbibliothek in vier Räumen mit 15.000 Bänden wurden zahlreiche Dokumente und Handschriften, Möbel, Bilder und Alltagsgegenstände aus jener Zeit zusammengetragen. Eine Ausstellung führt durch Leben und Werk des spätberufenen Dichters, der bereits die 40 überschritten hatte, als er mit »Läuschen un Rimels« an die Öffentlichkeit trat und erste Achtungserfolge feierte.

April – Oktober täglich 10 – 17 Uhr, November – März Di. – So. 10 – 17 Uhr, Eintritt 4 Euro
Markt 1, 17153 Stavenhagen, Tel. 039954/210 72, www.fritz reuter literaturmuseum.de

In einem Nebengebäude informiert eine kleine Ausstellung über Leben und Werk

des Malers Ernst Lübbert (1879 – 1915), der in Stavenhagen aufwuchs und im Ersten Weltkrieg als Soldat getötet wurde.

HINTERGRUND: Fritz Reuter

Fritz Reuter wird 1810 als Sohn des Bürgermeisters Georg Johann Reuter und seiner Frau Johanna in Stavenhagen geboren. Nach dem Abitur 1831 studiert er auf Wunsch seines Vaters eher lustlos Rechtswissenschaften in Rostock und Jena, wo er als Burschenschafter in Schlägereien verwickelt wird und schnell mit der Justiz Bekanntschaft macht. Er muss fliehen und wird 1836 wegen Majestätsbeleidigung zum Tod verurteilt. Das Urteil wird kurz darauf in eine 30-Jährige Festungshaft umgewandelt. Nach sieben Jahren und auf Intervention seines einflussreichen Vaters wird er aus der Haft entlassen. Die Jahre hinter Gittern haben dem jungen Mann schwer zugesetzt – er ist depressiv und alkoholkrank. 1845 stirbt sein Vater, der seinen Sohn testamentarisch enterbt. Fritz Reuter arbeitet in der Folgezeit u. a. als Hauslehrer und veröffentlicht erste Texte. Bald wird er durch Bücher wie »Meine Vaterstadt Stavenhagen« und »Ut de Franzosentid« weithin bekannt und gilt heute neben Klaus Groth als der bedeutendste Dichter der niederdeutschen Sprache. Reuter starb 1874 in Eisenach.

Auf dem Marktplatz sitzt unübersehbar der berühmte Schriftsteller vor seinem Geburtshaus nachdenklich auf einem Lehnstuhl, einen seiner Romane auf dem Schoß, während die rechte Hand gedankenversunken über seinen Bart streicht. Das **Denkmal** stammt von dem Bildhauer Wilhelm Wandschneider aus Plau am See, der es 1911 anfertigte. Zu beiden Seiten des Granitsockels stehen granitene Bänke. In den Lehnen sind Reliefs eingearbeitet, auf denen Figuren aus den bekanntesten Werken des Schriftstellers zu sehen sind.

Unweit vom Marktplatz steht das **Stavenhagener Schloss** in einem kleinen Park. An diesem Ort befand sich im Mittelalter eine Burg, auf deren Grundmauern 1740 dieses Schloss errichtet wurde. Der Treppenturm ist Ende des 19. Jahrhunderts hinzugefügt worden. Heute sitzt hier die Stadtverwaltung.

Einige Kilometer östlich von Stavenhagen sollte man dem Dorf **Ivenack** am gleichnamigen See einen Besuch abstatten. Sehenswert ist der **Schlosspark** und der direkt angrenzende Tierpark mit seinem uralten Eichenbestand. Das Schloss geht auf ein Zisterzienserkloster aus dem 13. Jahrhundert zurück. Im 18. Jahrhundert ging es in den Besitz des Grafen von Plessen über. Unter ihm erhielt die Anlage ihre heutige Gestalt. So wurde der Park um das Jahr 1800 in einen englischen Landschaftsgarten mit Orangerie, Teehaus und Kirche umgewandelt. Nachdem das Schloss nach dem Zweiten Weltkrieg als Alten- und Pflegeheim gedient hatte, stand das Gebäude später viele Jahre leer. Vor einigen Jahren hat ein dänischer Geschäftsmann das Schloss gekauft und mit der Sanierung begonnen, die vermutlich 2022 abgeschlossen sein wird.

Unmittelbar an den Schlosspark grenzt der **Tierpark** mit seinen berühmten **Eichen**. Auf einer Fläche von etwa 75 Hektar wachsen die beeindruckenden Stieleichen, die bis zu 1.000 Jahre alt sind. Damit gehören sie zu den ältesten Exemplaren in Europa. Die mächtigste unter ihnen erreicht einen Umfang von elf Metern.

ESSEN UND TRINKEN

Café am Markt. Zentrale Lage, gutbürgerliche Küche zu angemessenen Preisen.
Malchiner Str. 9, 17153 Reuterstadt Stavenhagen, Tel. 03 99 54/222 41, www.cafe-am-markt.m-vp.de

Familienkonditorei Komander. Einige Kilometer
nördlich von Stavenhagen liegt Grammentin.
Die Konditorei ist weithin berühmt für ihren
patentierten Ivenacker Baumkuchen.
Geöffnet Di. – Sa. 10 – 18 Uhr
Dorfstr. 7 – 9, 17153 Grammentin, Tel. 03 99 52/239 12,
www.ivenacker-baumkuchen.com

ÜBERNACHTEN

Hotel Reutereiche. Moderne Zimmer der Kategorie Drei-Sterne-Superior. Barrierefreier
Zugang. DZ ab 84 Euro, EZ ab 54 Euro inkl. Frühstück
Werdohler Str. 10, 17153 Reuterstadt Stavenhagen, Tel. 03 99 54/340, www.reutereiche.de

INFORMATION

Touristeninformation im Fritz Reuter Literaturmuseum. Mo. – Fr. 9 – 17 Uhr, Wochenende 10 – 17 Uhr
Markt 1, 17153 Reuterstadt Stavenhagen, Tel. 03 99 54/27 98 35, www.reuterstadtstavenhagen.de

RUND UM DEN MALCHINER SEE, DEN KUMMEROWER SEE UND DEN TETEROWER SEE

Im Zentrum der Mecklenburgischen Schweiz liegen die drei Seen mit dem Naturpark Mecklenburgische Schweiz und Kummerower See. Fast ein Fünftel der 673 Quadratkilometer sind von Wald bedeckt. Die liebliche Landschaft mit den sanften Hügeln, den Feldern, Wäldern und Wiesen beherbergt zahlreiche Guts- und Herrenhäuser und das ein oder andere sehenswerte Schloss.

Der **Kummerower See** ist mit fast 33 Quadratkilometern das größte der drei Gewässer und zugleich das viertgrößte in Mecklenburg-Vorpommern. Der **Malchiner See** ist mit 14 Quadratkilometern knapp halb so groß, während der **Teterower See** gerade mal auf gut drei Quadratkilometer kommt. Allen drei ist gemeinsam, dass sie sehr flach sind, an vielen Stellen nur wenige Meter tief.

Die Kleinstadt **Malchin** mit ihren 8.000 Einwohnern liegt etwa auf halbem Weg zwischen Malchiner und Kummerower See und gilt als Zentrum der Region. Sie ist über den Dahmer Kanal mit dem Malchiner See verbunden. Der schmale Wasserweg wird nicht von der Binnenschifffahrt genutzt, dafür aber umso ausgiebiger von Anglern und Paddlern. 1236 erhielt Malchin das Stadtrecht. Von der mittelalterlichen Stadtanlage ist jedoch aufgrund schwerer Zerstörungen im Zweiten Weltkrieg nicht mehr viel Sehenswertes übrig geblieben. Einige Hundert Meter Stadtmauer

stehen noch, daneben zwei Stadttore (das südliche **Steintor** und das nördliche **Kalensche Tor,** beide aus dem 15. Jahrhundert) sowie der 35 Meter hohe **Fangelturm** aus dem 15. Jahrhundert.

Vom alten **Rathaus** aus dem 14. Jahrhundert ist nur noch der gotische Keller mit dem Kreuzgewölbe erhalten geblieben. Im Laufe der Jahrhunderte wurde es immer mal wieder umgebaut. Das Gebäude, das heute am Marktplatz steht, ist sozusagen die Version aus den 20er-Jahren.

Nicht weit entfernt lohnt ein Besuch der architektonisch auffälligen Kirche **St. Johannis** mit ihrem wuchtigen Turm. Er erreicht die stattliche Höhe von 67 Metern und kann bestiegen werden. Im Inneren der dreischiffigen Basilika im Stil der norddeutschen Backsteingotik befinden sich u. a. ein Schnitzaltar, eine Renaissancekanzel, ein romanischer Taufstein, eine hölzerne Triumphkreuzgruppe aus dem frühen 15. Jahrhundert und ein Marienaltar in einer Seitenkapelle, der aus einer Lübecker Werkstatt stammen soll.

Täglich ab 10 Uhr
Schweriner Str. 5, 17139 Malchin,
Tel. 03994/29 94 65

Von Malchin aus sollte man Abstecher zum **Schloss Basedow**, **Schloss Ulrichshusen**, **Schloss Schorssow** und zur **Burg Schlitz** unbedingt einplanen.

Nordöstlich des Malchiner Sees liegt **Schloss Basedow** im gleichnamigen 800-Seelen-Dorf. Das Postkartengemäuer aus der Mitte des 16. Jahrhunderts gehörte der Familie von Hahn, die die Anlage im 19. Jahrhundert vollständig umgestalten ließ. Adolf Friedrich Graf von Hahn beauftragte dann 1833 den berühmten Landschaftsarchitekten Peter Joseph Lenné mit der Neugestaltung des 200 Hektar großen Parks, der im Stil eines englischen Landschaftsgartens angelegt und nach ihm benannt ist. Das Schloss ist heute in Privatbesitz, kann aber im Rahmen einer Führung besichtigt werden.

Eingebettet in die sanfte Hügellandschaft der Mecklenburgischen Schweiz liegt **Schloss Ulrichshusen** im Renaissancestil mit seinen markanten Stufengiebeln am kleinen gleichnamigen See. Wie der Name erahnen lässt, wohnte in diesem prächtigen Herrenhaus einst ein Herr namens Ulrich, genauer gesagt Ulrich von Maltzan, im 16. Jahrhundert. In den Wirren des Dreißigjährigen Krieges brannte das Herrenhaus aus und wurde von Bernd-Ludolph von Maltzan, dem Quartiermeister von Wallenstein, 1626 wieder aufgebaut. Am Ende des Zweiten Weltkriegs ein Zufluchtsort für Flüchtlinge, brannte es 1987 erneut bis auf die Grundmauern nieder. Nach der Wende erwarben die Nachfahren Helmuth und Alla von Maltzahn die Liegenschaft und bauten sie in jahrelanger Arbeit wieder auf. Heute erstrahlt das Haus in altem Glanz in seiner neuen Eigenschaft als komfortables Landhotel und zentrale Spielstätte der Festspiele Mecklenburg-Vorpommern. DZ ab 129 Euro, EZ ab 105 Euro, Seestr. 14, 17194 Moltzow, Tel. 03 99 53/79 00, www.ulrichshusen.de

Südwestlich des Malchiner Sees liegt **Schloss Schorssow**. Die schöne Lage am kleinen Haussee in einem englischen Landschaftspark genießen seit mehr als 20 Jahren die Gäste dieses hochherrschaftlichen Hotels. Der klassizistische Dreiflügelbau erhielt sein heutiges Aussehen erst zu Beginn des 19. Jahrhunderts, als der Hofjägermeister Carl Gustav von Moltke, der in Diensten des Großherzogs von Mecklenburg-Strelitz stand, hier einzog. DZ ab 130 Euro, EZ ab 104 Euro
Seeschloss Schorssow, Am Haussee 3, 17166 Schorssow, Tel. 03993/790, www.schloss-schorssow.de
Eine halbe Autostunde weiter nördlich steht **Burg Schlitz** inmitten eines schönen Landschaftsparks. Auch dieser imposante klassizistische Bau – man ahnt es – wurde nach der Wende in ein exklusives Hotel umgewandelt. Über eine schöne Lindenallee geht es leicht bergauf bis zur Anlage, die Hans Graf von Schlitz 1806 errichten ließ. DZ ab 198 Euro, EZ ab 170 Euro, Frühstück 25 Euro
Schlosshotel Burg Schlitz, 17166 Hohen Demzin, Tel. 03996/127 00, www.burg-schlitz.de

Im 60 Hektar großen Landschaftspark gibt es einiges zu entdecken, etwa die weiße neugotische **Karolinenkapelle** von 1822, die der Graf seiner Schwiegermutter, Reichsgräfin Caroline von Schlitz-Goertz, widmete. Besonders schön ist der Jugendstil-**Nymphenbrunnen** anzusehen, der 1903 in Berlin in Auftrag gegeben wurde und seit den 30er-Jahren auf dem Gelände der Burg steht. Das Motiv zeigt drei lebensgroße bronzene Nymphen, die auf einem steinernen Trog stehen und um ein Wasserspiel tanzen. Ein Abguss steht übrigens im New Yorker Central Park.

Eine halbe Autostunde nördlich von Burg Schlitz liegt das Städtchen **Teterow** am gleichnamigen See, der geografische Mittelpunkt von Mecklenburg-Vorpommern. Teterow ist über die Landesgrenzen hinaus bekannt dank der **Bergringarena.** Jedes Jahr zu Pfingsten pilgern mehrere Zehntausend Motorradsport-Fans in die 9.000 Einwohner-Stadt. Die traditionsreichen **Bergringrennen** auf Europas größter Naturgrasbahn in den Heidbergen finden bereits seit 1930 statt.

In Teterow erkennt man noch die mittelalterliche Stadtanlage am Grundriss der Ringstraße. Zwei gotische Stadttore aus dem 14. Jahrhundert sind noch erhalten: das **Malchiner Tor** im Südosten und das **Rostocker Tor** im Nordwesten der Altstadt. Das

Malchiner Tor diente im 19. Jahrhundert als Gefängnis und ist heute Sitz des **Stadtmuseums,** dessen Sammelschwerpunkt die Regional- und Stadtgeschichte ist.
Di.–Do. 10–12 und 13–17 Uhr, Fr. 13–17 Uhr, Sa. 10–16 Uhr, Preise: 2 Euro, Familienkarte 3 Euro
Südliche Ringstraße 1, 17166 Teterow,
Tel. 03996/17 28 27

Sehenswert ist die **Kirche St. Peter und Paul** in typisch norddeutscher Backsteingotik. 1215 wurde mit dem Bau des dreischiffigen, im Kern spätromanischen Gotteshauses begonnen. Die mittelalterlichen Deckenmalereien im Altarraum sind vor einigen Jahren vollständig restauriert worden. Bemerkenswert

Rostocker Tor

St. Peter und Paul

ist der gotische Schnitzaltar aus dem 15. Jahrhundert. Mitte Mai – Mitte Oktober, Kirchplatz, 17166 Teterow, Tel. 03996/127 80

Nördlich der Stadt erstreckt sich der schilfbestandene **Teterower See.** Er hat eine mittlere Tiefe von vier Metern. Im See liegt die langgestreckte Burgwallinsel, auf der sich ab dem 9. Jahrhundert eine slawische Wehranlage befand, was heute noch an den Wallanlagen zu erkennen ist. Die Slawen bauten eine 750 Meter lange hölzerne Brücke zum Festland, die in Teilen in den 50er-Jahren freigelegt, aber nicht wieder aufgebaut wurde.

Die Insel ist während der Saison mit der historischen Barkasse REGULUS erreichbar, die von den Badestellen in Teterow und Teschow ablegt.
Täglich ab 10 Uhr zu jeder vollen Stunde in der Saison, Überfahrt zur Insel 1,50 – 3 Euro, Rundfahrt 6 Euro, Infos: Tel. 0173/481 37 57
Oder man fährt vom Südende der Insel mit einer Seilfähre im Pendelverkehr hinüber.
In der Saison täglich ab 10 Uhr

ESSEN & TRINKEN

MALCHIN

Milano. Im Hotel am Wedenhof. Italienische Speisen in guter Qualität.
April–September täglich 11–22 Uhr, So. bis 21 Uhr, Oktober–April täglich 11–14 und 17–22 Uhr,
Sa. 11–22 Uhr, So. 11–21 Uhr
Schulstr. 33, 17139 Malchin, Tel. 03994/20 74 12, www.hotel-am-wedenhof.de

Tourist Info: April–Oktober Mo.–Do. 10–16, Fr. 10–12, im Juli/August Sa. 10–12 Uhr,
November–März Mo.–Do. 10–12 und 13.30–15.30 Uhr, Fr 10–12 Uhr
Am Markt 1, 17139 Malchin, Tel. 03994/64 01 11, www.malchin.de

ÜBERNACHTEN

KUMMEROWER SEE

Camping Meesiger Gravelotte am Ostufer des Kummerower Sees. Nahe am See, Strand,
Kiosk, Anlegestelle. Preise: pro Person und Pkw 5,50 Euro pro Tag, Zelt 2,60, Wohnmobil 3 Euro,
17111 Meesiger, Tel. 03 99 94/107 32, www.campingplatz-gravelotte.de

Campingpark Sommersdorf. Am Ostufer des Kummerower Sees mit Strand, Bistro, Bootsvermietung, Wohnmobilhafen. Preise: 5,90 Euro pro Person in der Hauptsaison, Kinder 2,70 Euro, Stellplatz 8,50 Euro, Pkw 2,50 Euro, Mietwohnwagen 40 Euro
Am Hafen 2, 17111 Sommersdorf, Tel. 03 99 52/29 73, www.camping-sommersdorf.de

MALCHINER SEE
Campingpark Seedorf. Direkt am See mit schönem Badestrand. Einfache Ausstattung, moderne Sanitäranlagen, Bootsverleih, Brötchenservice.
Preise: 5,50 Euro pro Person, Kinder 2,50, Pkw 3 Euro, Wohnwagen 5,90 Euro, Wohnmobil 7,50 Euro, Zelt 5,10 Euro
Campingplatz 1, 17139 Basedow,
Tel. 03 99 57/291 39, www.campingpark-seedorf.de

ESSEN & TRINKEN

TETEROW
Stadtmühle Teterow. Gemütlich-rustikales Restaurant mit regionaler Küche von Zander bis Mecklenburger Rippenbraten. In der Saison täglich 11 – 22 Uhr
Mühlenstr. 1, 17166 Teterow, Tel. 03996/15 23 00, www.stadtmuehle-teterow.de

INFORMATION

Tourist Info: Mai – Oktober Mo. – Fr. 9 – 17 Uhr, November – April Mo. – Do. 9 – 17 Uhr, Fr. 9 – 14 Uhr
Östliche Ringstr. 105, 17166 Teterow, Tel. 03996/17 20 28, www.teterow.de

MECKLENBURGISCHE GESCHICHTE IM ÜBERBLICK

8.000 – 3.000 v. Chr. Die ersten menschlichen Siedlungen von Jägern, Sammlern und Fischern entstehen während der Mittleren Steinzeit.

3.000 – 1.800 v. Chr. In der Jungsteinzeit (Neolithikum) setzen sich Ackerbau und Viehzucht durch.

1.800 – 600 v. Chr. In der Bronzezeit werden erstmals Urnen in Grabhügeln beigesetzt.

Ab ca. **600 v. Chr.** siedeln die ersten Germanenstämme in der Gegend, darunter die Warnen, deren Existenz auch durch Ortsnamen wie etwa Warin belegt wird.

Durch die Völkerwanderung im 4. Jahrhundert n. Chr. ziehen viele der germanischen Stämme weiter gen Süden und Westen. Ihren Platz im heutigen Mecklenburg-Vorpommern nehmen slawische Stämme (u. a. Müritzer, Kessiner und Abodriten) ein, die sich im Laufe der Zeit mit den verbliebenen germanischen Stämmen mischen.

983	Der Slawenaufstand der im Lutizenbund zusammengeschlossenen Stämme beendet die christlich-germanische Tributherrschaft des Markgrafen Dietrich von Haldensleben.
1160	Heinrich der Löwe beendet die slawische Unabhängigkeit und besiegt den abotritischen Fürst Niklot, dessen Hauptsitz, die Mikelenburg, Namensgeberin des heutigen Mecklenburg ist.
1167	Pribislaw, Sohn von Fürst Niklot, erhält einen Großteil Mecklenburgs als Lehen. Dessen Sohn, Heinrich Borwin I., heiratet Mathilde, die Tochter Heinrichs des Löwen, und begründet die Dynastie, die bis 1918 an der Macht bleibt.
Ab 1200	Tausende Siedler werden in Westfalen, Holstein und Niedersachsen von den slawischen Fürsten angeworben, um das Land zu kolonisieren.
1226	Erste mecklenburgische Landesteilung in die vier Fürstentümer Mecklenburg, Rostock, Parchim-Richenberg und Werle.
1549	Auf dem Sternberger Landtag setzt Fürst Johann Albrecht I. die lutherische Lehre als Landesreligion durch.
1621	Mecklenburg-Güstrow und Mecklenburg-Schwerin entstehen durch die Güstrower Reversalen.

Regionalmuseum Neubrandenburg

1628	Absetzung der mecklenburgischen Herzöge durch Kaiser Ferdinand II. Neuer Herzog wird der kaiserliche Feldherr Wallenstein, der Schloss Güstrow als Residenz wählt. Grundlegende Reformen: Erstmals werden in Mecklenburg Justiz und Verwaltung voneinander getrennt.
1635	Aussöhnung der Herzöge mit dem Kaiser, die wieder als Herzöge anerkannt werden.
1618–1648	Die Auswirkungen des Dreißigjährigen Krieges auf Mecklenburg sind verheerend: Die Einwohnerzahl sinkt von 300.000 auf 50.000, weite Teile des Landes sind verwüstet.
1701	Durch den sogenannten Hamburger Vergleich regieren nun die Herzöge von Mecklenburg-Strelitz und Mecklenburg-Schwerin.
1733	Gründung von Neustrelitz als Residenzstadt und Sitz des Hauses Mecklenburg-Strelitz.
1777	Mit dem letzten Hexenprozess in Mecklenburg endet ein dunkles Kapitel der Landesgeschichte: Im 16. und 17. Jahrhundert endeten 4.000 Prozesse mit 2.000 Todesurteilen.
1808	Beide mecklenburgischen Landesteile treten dem Rheinbund bei, nachdem das Heilige Römische Reich Deutscher Nation 1806 aufgelöst worden war.

1815	Auf dem Wiener Kongress werden beide Landesteile zu Großherzog-tümern erhoben.
1820	Aufhebung der Leibeigenschaft
1867	Beide Großherzogtümer treten dem Norddeutschen Bund unter Führung Preußens bei.
1918	Nach dem Freitod von Adolf Friedrich VI. endet das Haus Mecklenburg-Strelitz. Zum Verweser wird der Schweriner Großherzog Friedrich Franz IV. bestellt, der jedoch in den Wirren der Novemberrevolution in Deutschland selbst abdanken muss.
1918/19	Nach dem Sturz der Monarchie werden beide Landesteile kurzzeitig unabhängig und fungieren als Freistaaten.
1934	Die Unabhängigkeit endet kurz nach der Machtergreifung der Natio-nalsozialisten. Zum 1. Januar 1934 vereinigen sich beide Freistaaten zum Land Mecklenburg.
1952	Das Land wird – wie alle Länder in der DDR – aufgelöst und in Bezirke aufgeteilt: Rostock, Schwerin und Neubrandenburg.
1990	Mecklenburg-Vorpommern entsteht und wird eines von 16 Bundeslän-dern. Im selben Jahr wird der Müritz-Nationalpark gegründet. Schwerin setzt sich gegen Rostock als Landeshauptstadt durch.

Kranich im Müritz Nationalpark

Schweriner Schloss – Sitz des Landtags

1992 Der erste Ministerpräsident heißt Alfred Gomolka und gehört der CDU an.

2011 Das Teilgebiet Serrahn des Müritz-Nationalparks wird UNESCO-Weltnaturerbe.

Ab 2011 regiert eine Große Koalition in Schwerin unter Führung des SPD-Ministerpräsidenten Erwin Sellering.

2014 Die Übernachtungszahlen steigen kontinuierlich: 28,7 Millionen stehen in den statistischen Büchern. Die meisten ausländischen Gäste kommen aus Schweden und den Niederlanden.

2016 Die Landtagswahlen sehen deutliche Verluste bei der CDU und den Linken, die Grünen und die FDP verpassen den Einzug in den Landtag, die NPD wird aus dem Landtag gewählt, die SPD behauptet sich als stärkste Kraft, und die rechtspopulistische AfD ist der große Wahlsieger und erreicht aus dem Stand mehr als 20 Prozent der abgegebenen Stimmen. Die Große Koalition unter Erwin Sellering wird fortgesetzt.

2017 Manuela Schwesig (SPD) scheidet aus dem Kabinett von Angela Merkel als Bundesministerin für Familie, Senioren, Frauen und Jugend aus und wird als Nachfolgerin von Erwin Sellering Ministerpräsidentin von Mecklenburg-Vorpommern.

MECKLENBURGISCHE SEENPLATTE VON A – Z

ANREISE

Wer mit dem **Auto** von Hamburg bzw. Norddeutschland anreist, nimmt die Autobahn A 24 Hamburg — Berlin bis Wittstocker Kreuz, weiter auf der A 19 Richtung Rostock bis zu den Abfahrten Röbel, Waren, Malchow oder Linstow.

Wer aus dem Berliner Raum kommt, fährt über die A 24 Richtung Hamburg bis Wittstocker Kreuz, weiter auf der A 19 Richtung Rostock bis zu den Abfahrten Röbel, Waren, Malchow oder Linstow.

Wer mit der **Bahn** kommt, kann den ICE von Hamburg oder Berlin nehmen mit Halt in Neustrelitz und Waren. Die Regionalbahn RE 5 verbindet die Hauptstadt im Stundentakt mit Neustrelitz. Infos unter www.bahn.de

Lohnenswerte Sparangebote der Deutschen Bahn sind etwa das Mecklenburg-Vorpommern-Ticket, das Brandenburg-Berlin-Ticket, Das Schönes-Wochenende-Ticket oder das Quer-durchs-Land-Ticket. Infos unter www.bahn.de

Auch mit dem **Fernreisebus** geht es zur Mecklenburgischen Seenplatte. Nähere Infos z. B. unter www.flixbus.de

Etwas ungewöhnlicher ist die Anreise per **Flugzeug**. Der nächstgelegene größere Airport befindet sich in Rostock-Laage. Verbindungen bestehen nach München und Stuttgart sowie Zürich und Linz. Infos unter www.rostock-airport.de

ANGELN

Mecklenburg-Vorpommern ist ein wahres Angelparadies. Zahlreiche Fischarten tummeln sich in den Gewässern, darunter Aal, Äsche, Barsch, Forelle, Hecht, Karpfen, Rotfeder, Schleien, Wels und Zander.

Feriengäste können einen **Touristen-Fischereischein** erwerben, der an zahlreichen Ausgabestellen erhältlich ist, z. B. bei Kurverwaltungen, Touristeninformationen, auf Campingplätzen und bei Binnenfischern. Der Schein ist zeitlich befristet und wird bis zu einem Zeitraum von 28 Tagen ausgestellt (Gebühr 24 Euro). Er kann auch verlängert werden (13 Euro).

Wichtig: Wer den Fischereischein hat, benötigt zusätzlich eine **Angelkarte** für das Gewässer, in dem man angeln möchte. Die bekommt man vom Inhaber oder Pächter des Gewässers. www.urlaubsangler.de und www.angeln-in-mv.de geben eine vertiefende Übersicht zum Thema »Angeln«.

BARRIEREFREIES REISEN

Die barrierefreien Angebote werden von Jahr zu Jahr mehr, auch wenn noch viel Luft nach oben ist. Einen guten Überblick bei der Reisevorbereitung kann man sich unter www.barrierefrei.m-vp.de verschaffen.

BUS (REGIONAL)

Einige Städte und Gemeinden halten spezielle Angebote bereit, die sich an Urlauber richten. Dazu zählt der **Große Rote,** der Plauer Rundbus, der in der Saison fünfmal, außerhalb der Saison viermal (nur Mi., Fr. und Sa.) den See umrundet und 21 Haltestellen anfährt. Infos unter www.rundbus.de

Das **Müritz-Nationalpark-Ticket** erlaubt Besuchern, den Park per Bus zu erkunden, das Rad mitzunehmen und etwa für die Rückfahrt ein Schiff der Weißen Flotte über die Müritz zu nutzen. Tagesticket 9 Euro, Kombiticket Bus/Schiff 18 Euro, Familientagesticket 18 Euro, Kombi 36 Euro, Infos: www.nationalparkticket.de

Der **»dat«-Bus** verbindet die Orte Neubrandenburg, Waren, Röbel und Rechlin während der Saison täglich mehrmals untereinander und fungiert als Zubringer zum Müritz-Nationalpark. Infos unter: www.mvvg-bus.de, Hotline 0395/35 17 63 50

CAMPING

Rund um die Mecklenburgische Seenplatte gibt es zahlreiche Campingplätze unterschiedlicher Standards, von denen viele direkt am Wasser liegen. Einen Überblick gibt es auf der Website www.mecklenburgische-seenplatte.de.

FAHRRAD

Die Mecklenburgische Seenplatte eignet sich hervorragend für Radtouren: Das Gelände ist meist flach oder leicht hügelig, es gibt gut ausgebaute Radwege, die oft auch Teil eines Radfernwegenetzes sind. Zwei führen durch die Region: der

Radfernweg Kopenhagen—Berlin in nord-südlicher Route und von West nach Ost der **Radfernweg Lüneburg—Usedom**. Hinzu kommen weitere Rundfahrten wie die um den Tollensesee (34 Kilometer), der Müritz-Radrundweg (ca. 110 Kilometer) oder die **Eiszeitroute** über 666 Kilometer (Infos: www.eiszeitroute.com) mit Schautafeln am Wegesrand, mit Lehrpfaden, Findlingsgärten und Museen entlang der Route, die den Radwanderer auf die Spuren der letzten Eiszeit führen. Natürlich kann nicht jeder die gesamte Strecke in Angriff nehmen. Kürzere Rundrouten gewähren bereits gute Einblicke in die Thematik.

FERIENWOHNUNGEN/HÄUSER

www.ferien-privat.de – Agentur mit Hunderten von Häusern und Wohnungen in der Region Mecklenburgische Seenplatte.
www.airbnb.de – Gästezimmer, Ferienwohnungen und Häuser auf der weltweiten Buchungsplattform des amerikanischen Unternehmens. Mehrere Hundert Angebote in der Region Mecklenburgische Seenplatte.
www.traum-ferienwohnungen.de – fast 2.000 Angebote in der Mecklenburgischen Seenplatte.

FESTE/FESTIVALS

In der Region werden übers Jahr zahlreiche regionale und lokale Feste gefeiert – vom Burgfest bis zum Fischerfest, vom Konzert bis zur Theateraufführung. Informieren kann man sich z. B. unter www.mvtermine.de. Ein Themen-, Tages- und Regionalkalender listet zahlreiche Veranstaltungen auf.

Bedeutende Veranstaltungen sind etwa die **Müritz-Sail** im Mai, die in Waren stattfindet, eine der größten maritimen Veranstaltungen Deutschlands (www.mueritzsail.net), und die **Festspiele Mecklenburg-Vorpommern**, die seit 1990 im ganzen Land veranstaltet werden. An teils ungewöhnlichen Spielorten wie Burgen, Backsteinkirchen, Gutshäusern und Parks werden das ganze Jahr über klassische Konzerte aufgeführt mit teils weltbekannten Künstlern. Infos: www.festspiele-mv.de

HAUSBOOTE

Die riesige und mitunter labyrinthische Wasserlandschaft individuell zu erkunden geht auf vielerlei Art. Touren mit dem Hausboot sind besonders reizvoll, da man mit einem gewissen Komfort an Stellen gelangt, die man sonst nicht so leicht entdecken würde. Vielleicht überraschend diese Information: Man darf Boote und Flöße mit weniger als 15 PS sowie Mietboote im Bereich der Seenplatte **ohne Bootsführerschein** fahren. Allerdings ist eine mehrstündige Einweisung des Bootsvermieters vor Ort obligatorisch.

Einige führende Anbieter sind:
Müritz-Yacht-Management, Müritzstr. 65, 17248 Rechlin, Tel. 03 98 23/270 81, www.mueritz-yacht.de
Kuhnle-Tours, Marinastr. 1, 17248 Rechlin, Tel. 03 98 23/26 60, www.kuhnle-tours.de

Yachtcharter Schulz, An der Reek 17, 17192 Waren (Müritz), Tel. 03991/12 14 15, www.yachtcharter-schulz.de

MIETWAGEN

Einige der großen Anbieter sind in der Region vertreten: **Sixt** (www.sixt.de), **Europcar** (www.europcar.de) und **Avis** (www.avis.de). Daneben kleinere Anbieter, deren Standorte die regionalen Tourismusbüros bereithalten.

PADDELN

Der überwiegende Teil der Gewässer in der Region sind keine Fließgewässer, sodass weder hinderliche Stauwehre noch starke Strömungen das Paddelvergnügen

Blick auf die Binnenmüritz bei Röbel vom Turm St. Marien

beeinträchtigen. Eine Wasserwelt also, die gerade für Anfänger bestens geeignet ist. Viele Verleiher bieten auch den Service eines **Kanutaxis** an, sodass Wasserwanderer flexibel sind.

Kanuverleih Paddel Paul, Schillersdorf 1, 17252 Roggentin, Tel. 0174/827 52 30, www.paddel-paul.de

Kanustation Granzow, Am Badestrand Seestr. 11, 17252 Mirow/Ortsteil Granzow, Tel. 03 98 33/218 44, www.kanustation-granzow.de

Kanu-Team Plau am See, Lübzer Chaussee 17 B, 19395 Plau am See, Tel. 03 87 35/148 83, www.kanuteam-plauamsee.de

SEGELN

Natürlich kann man fast überall segeln, aber die großen Seen wie das »Kleine Meer«, der Schweriner See, der Plauer See und der Kummerower See bieten besonders gute Bedingungen. So finden sich auch an diesen Seen Segelschulen und Bootsverleiher.

Bootscenter Müritz, Plauer Str. 5, 17207 Röbel, Tel. 03 99 31/159 50, www.bootscenter-mueritz.de

Marina-Nord, Buchenweg 19, 19055 Schwerin, Tel. 0385/51 26 54, www.marina-nord.de

funmüritz Wassersportcenter, Zur Stillen Bucht 3, 17192 Waren, Tel. 01577/608 08 74, www.fun-mueritz.de

URLAUB AUF DEM BAUERNHOF

Ein Erlebnisurlaub auf dem Bauernhof ist gerade für Stadtkinder ein besonderes Ereignis. Da können die Kleinen mit anpacken, Tiere hautnah erleben und feststellen, dass die Kartoffeln nicht aus dem Supermarkt stammen, sondern aus der Erde ausgebuddelt werden. Einen guten Überblick über die Höfe der Region gibt die Website www.bauernhofurlaub.de. Auch die Seite www.auf-nach-mv.de/bauernhof-urlaub bietet nützliche Informationen.